KB266926

AI시대 철학자의 육아

AI시대 철학자의 육아

생각하는 부모가
자녀의 미래를 바꾼다

애셋요한 지음

해피북
미디어

　세 아이를 키우는 맞벌이 부부로 정신없이 살다 보니, 막내가 기저귀를 갓 뗄 무렵 마주한 한국의 유아교육 현실이 또 다른 벽으로 느껴졌다. AI시대를 맞아 세상은 새로운 속도와 방향으로 발전하는데, 우리 교육은 여전히 경쟁과 입시에 갇혀 있었다. 과연 불안한 건 아이일까, 아니면 부모일까? 새로운 시대에는 새로운 관점이 필요했다. 독일, 스위스, 미국에서 경험한 육아와 교육은 지식을 쌓는 일이 아니라 인간의 내면을 단단히 세우는 것이었다. 그들의 육아는 AI에 대해 잘 몰라도, 부모와 아이의 관계 속에서 '생각하는 힘'과 '함께 사는 능력'을 길러주었다. 부모가 먼저 변화를 받아들이고 배우며 성장할 때, 아이도 두려움 없이 세상을 만날 수 있다.

　이 책은 철학자의 이론서가 아니라, 한 부모가 겪은 불안과 배움의 기록이다. 1장에서는 예측할 수 없는 AI시대를 준비해야 하는 이유, 2장에서는 미래를 위해 갖추어야 할 핵심역량 7가지의 개념을 정리했다. 3장은 2장에서 다룬 역량을 기르는 육아법을 기술했다. 끝으로 4장에서는 미래 세대를 양육하는 부모가 가져야 할 생각과 태도를 정리했다. 아이를 바꾸려 하기보다 부모가 먼저 배움과 실천의 여정을 시작할 때 비로소 진짜 육아와 교육이 완성된다.

이 책을 쓴 이유는 단순하다. AI시대를 살아가며 '나는 아이를 잘 키우고 있는가?'라는 질문 앞에 불안해하는 모든 부모에게 이 말을 전하고 싶었다. "당신은 이미 충분히 좋은 부모다." 다만 세상이 달라진 만큼, 사랑의 방식과 성장의 방향을 조금만 바꾸면 된다. 그것이 내가 이 책을 쓴 이유이자, AI시대를 살아가는 모든 부모에게 전하고 싶은 메시지다.

차례

3장 가정에서 실천하는 역량 교육법

4장 부모로서 마인드 셋

1장
AI시대 무엇이 달라졌나

자기 자식 가르치는 건 달라요

빠르게 변하는 시대, 때로는 답답하다

외고 나온 부부, 대학 강단에 섰던 경험, 그런 건 내 자식 가르치는 데 다 부질없었다. 대한민국 보통의 맞벌이 가정 부모로서 평범하고 바쁘게 살아가는 내가 조금 다른 점이 있다면, 세 아이(첫째 남아, 여·남 쌍둥이)의 아빠라는 것과 이사를 자주 다녀야 하는 직업에 종사했다는 것이다. 시도 때도 없이 집에 못 들어가는 것은 물론이고, 십년이 넘게 주말부부로 육아의 대부분을 아내에게 부담하게 하였고, 그것을 만회하고자 근무지를 옮기거나 가족과 시간을 보낼 수 있는 파견근무 등을 지원하였다. 그렇게 깨작깨작 육아에 보탬이 되고자 최선을 다하면서 다른 육아 가정처럼 일회용 기저귀와 물티슈를 발명한 사람에게는 노벨상을 주어야 한다고 감사해하며 정신없는 시기를 보냈다.

아이들이 자랄수록 예방접종, 건강검진, 각종 어린이 교실, 어린이집, 학원 등 여러 기관을 방문하고 정보를 수집해야 하는 일이 많아졌다. 내 휴대전화에는 무수히 많은 애플리케이션과 연동되는 프로그램이 깔렸고 각종 알림이 수시로 울렸다.

업무와 가정사를 챙기기 위해 구글 캘린더를 연동하고, 직업상 작동해야 하는 보안 관련 어플로 지워진 데이터는 다시 복구했다. 육아, 직장, 관공서, 은행부터 심심할 때 보려고 받아 놓은 넷플릭스, 웹툰 등 이제 휴대폰에 앱(application)들이 어디에 무엇이 있는지 알지 못하는 지경에 이르렀다. 최신식이라고 구입했지만 아직도 일부만 사용하는 다수의 가전제품과 웨어러블 장비들의 프로그램을 보면서 세상이 많이 바뀐 것을 느낀다. 때론 내가 적응 못 하는 기술들에 답답함을 느낄 때도 많다.

'내가 어릴 적에는 상상조차 못 했던 것이 지금 세상에는 너무나도 많은데, 우리 아이가 자란다면 이 세상은 또 얼마나 변해 있을까? 이 변화에 대비해서 어떻게 아이들을 키워야 할까?'

문득, 나조차도 지금의 변화에 적응하기 벅찬데 변화하는 시대, 다가올 미래를 맞이할 아이들을 위해서 내가 무엇을 해야 하는지, 어떻게 아이들을 위한 환경을 조성해야 할지 막연한 의문이 들었다.

미래에 '잘' 살려면 어떤 능력이 필요할까?

이 질문에 답을 구하기 위해서 먼저 내가 배운 것을 살펴봤다. 나는 첨단장비와 기술을 활용하는 분야이지만 한편으로 사회의 유행과 문화에는 다소 보수적인 직업군에 종사하고 있다. 그 보수적인 부분을 보완할 나의 장점은 다음과 같은 다양한 경험과 배움에 있었다.

- 불혹의 나이를 넘겼지만 20대 청년들과 접할 기회가 많음 (+ 이후 인문학(철학) 교수 경험)
- 독일, 스위스, 미국 등 해외 선진국 학위 수학 및 일반대학, 민간기업과 관공서 등의 파견근무 경험
- AI, 클라우드, 빅데이터, 드론, 유무인 복합체계(MUM-T) 등 첨단기술의 원리와 활용을 접할 수 있는 많은 창구

그중에서도 처음 성인으로 사회생활을 하는 '05년생이 온다'를 경험하는 게 부모 세대로서 가장 큰 장점이 아

닐까 싶다.

특히 자식을 가진 입장이 되어 보니 대학생들과 군에 입대하는 모든 이들에게 부모 같은(?) 감정이 이입되면서, 가능하면 대화를 많이 하려고 노력했고, 이를 통해 미래를 위한 교육에 무엇이 필요한지 느낄 수 있었다.

그리고 해외생활 경험을 통해 세상이 어떻게 변하고 있는지, 앞으로 어떻게 발전하게 될지 그 트렌드를 어깨 너머로 배울 수 있었다.

무엇보다 독일과 스위스에서 정치, 철학 등을 전공하고 미국 브라운대학교와 스위스 취리히 공대 등에서 교육 방향 설계와 수업 진행에 참여하며 우리나라 교육의 현재와 미래를 위해서는 어떤 부분들이 보완되어야 할지 배울 수 있었다.

여러 가능성에 적응하고 주도할 수 있는 역량

지금까지의 발전 속도와 변화 양상을 돌아보았을 때, 앞으로 다가올 미래의 변화와 속도는 그전과 비교할 수 없을 정도로 다양하고 빠를 것이다. 그렇기에 주식 종목을 예측하듯이 하나의 전공을 선택하여 준비하고 스펙을 쌓는 것은 의미가 없다.

우리의 성장기를 돌아볼 때, 아이들이 장래 희망으로

유튜버(youtube creator)를 우선순위로 생각할지 누가 짐작이라도 했을까? 하지만 앞으로 다가올 미래가 절망적이지만은 않은 것은 훌륭한 선각자들을 통하여 미래에 주목받을 분야와 사회의 모습, 그 사회에 기대되는 인재상의 윤곽들이 예측되며, 이미 선진국에서는 미래를 구체적으로 준비하고 있다는 것이다.

그렇다고 내가 여기서 거창하게 무언가를 설계하고 학습자료를 제시하고자 하는 것은 아니다. 오히려 반대로 '미래에 이런 능력이 필요할 것이고 아이들을 위해 부모로서 이 정도는 같이 하는 게 좋겠다'가 이 글의 목적이다.

물론 의견이 다를 수도 있다. 그럼에도 나의 제안이 신뢰도가 높을 것이라 확신하는 이유는 아직 성장기인 내 아이들에게 적용할 방법들이기 때문이다. 이 책의 내용은 객관적인 자료와 사례, 실제 진행되고 있는 권위 있는 기관과 학자들의 연구를 절실하고 심도 있게 참고한 것이다.

아이를 바르게 키우기에도 바쁘고 정신이 없는 것을 너무나 잘 알기에, 부모로서 참고할 사항은 최대한 이해하기 쉽게 기술하고 중요한 부분만 요약하였다. 또한 가장 중요한, 해야 할 일은 여건에 맞춰서 다양한 응용이 가능하도록 제시했다.

우리의 자녀는 우리가 자란 것과는 다른 미래에서 살

아갈 것이 자명하다. 예전에는 '아이를 위한다면 물고기를 잡아주는 것이 아니라 물고기 잡는 법을 가르쳐라'라고 했다. 하지만 미래에는 부모조차 물고기 잡는 법을 모를 것이다. 기술 발전이란 바다에서 '부모가 물고기 잡는 방법을 가르쳐 줄 수 없다면, 아이들이 물고기 잡는 방법을 배울 수 있도록 핵심역량을 키워줘야 한다'라는 생각으로, 스스로 다짐하고 실천하고자, 짧은 식견이지만 이론과 생각을 정리해 보고자 한다.

지금까지 경험하지 못한
새로운 세상

지금보다 더 빠르게 변할 미래

미래 사회는 흔히들 인문학적 세계관을 가진 이과 전공생이 주도할 것이라 이야기한다. 이것은 (이과를 전공한 사람들의 주도로) 첨단기술 기반의 산업구조와 사회시스템 속에서 인문학적 인간중심 사고를 지닌 인재가 미래 사회의 운영을 주도한다는 의미이다.

미래 사회의 첨단 기술력의 발전 양상은 일일이 언급하지 않아도 우리가 접하는 모든 매체를 통하여 직·간접적으로 경험하고 있다. 인공지능(AI), 메타버스(meta verse), 유무인 복합체계(MUM-T), 사물 인터넷(IoT) 등 '미래' 기술은 이미 상당 부분 진행되어 생활 속 깊이 스며들었고, 교육, 산업, 의학, 예술에서 기술 발전이 적용되고 있다.

그런데 실제로 사용자로서 실태는 어떨까? 식당이나 은행에 가면 이미 보편화된 키오스크 기계 앞에서 쩔쩔매며, 인건비는 올라만 가는데 서비스는 점점 나빠진다고 불평만 하는 일부 구세대 모습을 쉽게 볼 수 있다. 인간을 위한 기술 발전에 사용자들인 인간이 적응하지 못하는 현상이다. 이렇게 나이, 성별과는 상관없이 기술 적응도에 따라서 사용자 편의가 무시된 편리함이라는 인지부조화를 겪는 부류와 기술에 적응하여 편리함을 만끽하는 부류로 새로운 계층구조가 형성되고 있다.

지금 나는 부모로서 어떠한 계층에 속해 있을까?

이제는 부모가 자녀에게 부를 상속하여 티타늄 수저부터 흙수저까지 계층이 나뉘던 시대에서 나아가 (그 개념을 이해하기도 어려운) 기술 복합체계 속에서 아이들이 살아남을 수 있도록 첨단기술 응용이라는 사냥법을 알려줄 수 있어야 한다.

하지만 집 안에 있는 신제품 전자기기나 자동차의 블루투스 연결과 각종 넘쳐나는 앱들의 사용 방법에도 스트레스를 겪고 있는 우리 세대에게 미래는 막막하기만 하다.

그렇다면 첨단기술에 지배당하지 않고 기술을 활용하거나 개발을 주도하기 위해 다음 세대들은 전부 이과로 진로를 결정하여야 할까? 하지만 안타깝게도 대한민국에서는 이과로 진로를 결정한다고 해도 기술 발전과 연결되지는 않을 것이다.

2024년 사회적 이슈가 되었던 의대생 증원 같은 문제만 보더라도 대한민국을 비롯한 많은 선진 국가의 이과생은 현재 고수익이 보장된 의대 진출을 희망하고 있다. 즉 이과 진출은 의사가 되기 위한 진로로 편향되고 있고, 특히 우리나라는 우수한 이과생들의 의과 진학 경향이 심하다.

여기서 내가 의대 진출의 편향이라는 현실을 비판하려는 것은 아니다. 단지 기술에 대한 적응과 주도를 위해 이과를 선택한다는 최초의 의지가 결국 의대 진학으로 변질되는 모순은 생각해 볼 필요가 있다는 것이다. 조금만 시야를 돌려보면 이공 계열 학생들의 의대 진학은 현세대에 집중되는 경향일 뿐이다. 미래 사회의 인공지능을 기반으로 하는 의료계 특이점을 고려한다면(십수 년 내) 지금 당장의 안정된 수익을 위해 의료계로 이과생들이 집중되는 현상에 변화가 올 것으로 예측된다.[1]

---

[1] 이미 미국과 중국의 경우 AI 기반 데이터 중심 진료 및 처치에 대한 신뢰도가 높아졌으며, COVID 팬데믹 이후 원격 진료와 의료 진료의 80%를 담당하는 처방전 진료에 대해서는 자동화로의 변화가 상당히 진행되고 있다.

30년을 기준으로 하는 한 세대의 변화를 살펴본다면 현재의 기술 발전이 이미 우리의 예측 범위 밖에 있다는 것을 금방 눈치챌 수 있다.

과연 우리 부모 세대는 지금 우리가 겪고 있는 기술적 시대 변화를 어디까지 예측하였을까? (지금 언급하기에도 내가 너무 옛날 사람 같은 느낌이지만) 손바닥 크기의 전화기로 실시간 동영상 다자간 통화를 하며 데이터를 주고받고, 송금과 환전, 주식거래, 생체인식을 통한 보안인증을 진행하며, 웨어러블 장비(wearable device)를 통해 실시간으로 전 세계 사람들과 동시 번역되는 이메일이나 채팅을 주고받는 오늘을 과연 상상이나 했을까?

그사이 현재의 4·50대가 안정적이라고 알려주었던, '안전한' 직업일 줄 알았던 세무사, 회계사, 통역사, 약사, 심지어 판사 직업을 선택한 2·30대 세대들은 장차 AI로 대체될 직업 최우선 순위에 놓인 본인 직업의 미래를 생각하며 얼마나 절망에 빠져 있을까?

미래를 경험하지 않은 어른들이 만든
미래 교육 환경

발전 속도를 따라가지 못한 사람

우리는 인류의 역사가 기록되기 시작한 이후 지금껏 경험하지 못한 발전 속도를 보게 될 것이다. 적극적으로 참여하여 기술을 이해하고 응용한다면 다르겠지만 나 같은 범인(凡人)의 범주에선 엄두가 나지 않는다. 무엇보다 미래의 주역이 될 아이들은 더 혼란에 빠질 수도 있다. 그것은 우리가 이야기하는 특이점[2]이 오기 전의 아이들이, AI도 특이점도 경험하지 못한 어른들이 만들어 놓은 교육 환경 속에서 자라야 하기 때문이다. 아쉽게도 그 특이점

---

2   기술적 특이점(technological singularity)을 지칭하는 말로, 인간의 지능을 능가하는 초지능(super intelligence)이 등장하고, 기술 변화의 속도가 인간 사회에 미치는 영향이 예측 불가능한 수준이 되는 순간을 의미한다.

을 준비하는 우리 부모 세대는 AI의 블랙박스 현상[3]과 같은 기술의 발전이 가져올 결과들에 대해서 예측조차 하지 못하고 있다. 하지만 불안함에 불평만 할 수 없는 건 변화의 계측 변수가 무량대수, 불가사의 수준으로 확장되고 있기 때문이다.

그래도 결국 결정은 사람의 몫

미래 아이들의 교육 지향점에 대해 이미 먼 미래를 생각하는 학자들과 세상을 변화시키는 천재들은 한목소리로 서두에 언급한 '인문학적 사고력을 가진 이과 전공생'이 필요하다고 했다. 인문학에서는 인간과 인간, 인간과 사회, 사회와 사회의 본질과 관계와 상호작용을 다룬다. 상대의 반응에 대응하고, 이해와 배려를 통해 서로의 목적을 달성하는 사고력을 발달시키고, 서로를 위한 사회의 이상향을 고민한다.

이것은 AI에게 복합적인 상호 관계와 인류애를 기본으로 구체적 세계관을 구현하는 방향성을 제시한다. 그 밖에 인문학은 미래 사회에서 필요로 하는 인간과 인간, 인간과 기계, 기계와 기계 소통 기술을 다룬다. 인류가 미

3   AI가 도출한 결과의 연산 과정을 유추할 수 없는 현재까지 기술의 한계.

래에 인간으로서 존재하고 발전된 기술력 속에서 올바른 방향성을 유지하기 위해서도 인문학적 사고는 기술 위에, 기술 속에, 그리고 기술 밖에 존재해야 한다.

예를 들어, 2022년 발발한 우크라이나-러시아 전쟁에서 미국의 팔란티어테크(Palantir Technologies Inc.)는 우크라이나 전쟁 지도부 정보처리 기술과 전투력 운영을 결심하는 AI 프로그램을 최초로 제공했다. 이를 통해 팔란티어테크는 적을 확인하고, 무기를 선택하고, 인간에게 타격할 것(버튼을 누를 것)만을 최종적으로 물어본다. 이러한 현상은 비단 미래의 전쟁 양상만을 드러내는 것이 아니라 전반적인 AI시대 인류가 당면할 미래를 보여주는 것이라 할 수 있다.

의학에 이 기술이 도입된다면, 생명이 위급한 정도에 따라 환자를 선별하여 적절한 약물과 치료법을 추천하고, 치료 또는 수술 중 무엇을 시행할지 결정 사항만을 인간에게 물어볼 것이다.

기술의 발전은 인간의 사고 과정을 단순화하고 몸을 편하게 하는 대신 결정적인 시간과 장소에서 가장 중대한 선택(결정)의 순간에 인간에게 책임을 전가한다. 인간의 존엄성과 가장 근접한 '생명'을 다루는 분야 중 하나인 의료계에서 기술 발전과 인간의 결정에 대해 인문학에 던지는 질문을 간단히 정리하면 다음과 같다.

기술 적용 전(前)	· 환자의 상태를 구별하는 기준은 무엇인가? 환자는 치료 후 어떤 상태가 될 것인가? → 환자를 분류하는 기준과 결과에 대한 책임
기술 적용 중(中)	· 환자를 어떤 수단으로 조치할 것인가? → 허용된 장비, 수단과 개입 정도에 대한 　결정권자의 권한과 책임
기술 적용 밖(外)	· AI 프로그램 제작을 의뢰한 집단, 개발하는 　집단의 윤리 수준

　결국 AI의 학습 방향은 인간이 정하며 AI가 제시하는 선택지에도 인간의 의도가 반영된다.[4] 미래에는 인문학적 사고를 통해 인류애를 추구해야만 공멸(攻滅)을 막을 수 있다.

4　예를 들어, 군에서 적을 무기를 든 모든 사람, 의학에서 수술 대상을 비용을 지불할 수 있는 사람 등으로 분류하라는 개발 초기 인간의 선택이 AI의 사고체계에 영향을 끼쳐 반(反)인륜적인 결과가 나오게 되는 경우가 존재하므로 기술 다방면에서 윤리적 판단은 강조된다.

메타(meta)는
'~넘어', '다음'을 의미

메타(meta)의 의미

메타의 어원은 Meta-, 그리스어 μετά에서 유래했다. 그 의미는 "~ 사이에, 뒤에, 다음에, 넘어서"이다. 변태, 변신을 뜻하는 영어단어 metamorphosis 역시 meta(나중에)+morphosis(변형)의 합성어이다. 다시 말해 처음부터 날개 달린 곤충으로 변형되는 것이 아니라 애벌레 상태로 태어난 다음 번데기를 거쳐 나중에 성체로 변형되는 것이다.

철학의 형이상학 역시 metaphysics인데, 자연학(physics) 너머에 있다는 뜻에서 지어진 이름이다. 예로 미국의 대표적인 IT 기업 'Facebook'은 미래의 변화와 변형, 다음 시대와 세대를 준비한다는 의미로 기업의 이름을 Meta(메타)로 바꾸었다. 처음 회사명을 바꿀 때, 사내에서도 메타버스는 너무 먼 미래라는 의견이 분분하였으나, '메타'라는 개념과 의미를 고려하면 상당히 철학적이고 의미 있는 선택[5]이었다고 생각한다.

메타키즈-MZ세대 이후 미래의 세대

'메타'는 '다음', '(현재를) 넘어서'라는 개념이고, '메타키즈'는 다음을 맞이할 아이들이다.[6] 우리는 부모로서 지금의 아이들을 현재 교육방침 그대로 MZ세대의 끝자락에 남길 것인지, 아니면 미래에 필요한 능력을 준비해 새로운 세대의 주체가 될 수 있도록 키울 것인지에 대한 기로에 서 있다. 이는 부모가 직접 미래를 주도할 인재를 교육한다는 것이 아니다. 단지, 현재(특히 대한민국의)의 교육 시스템에 부족한 부분을 보완하여 미래에 필요한 역량을 가질 수 있도록 방향을 제시해 주어야 한다는 것이다. 하지만 오늘날에는 너무나 많은 정보가 있고 또 무분별하기도 하며, 때로는 비전문적이거나 과거, 현재와 미래가 혼재되어

---

5 페이스북의 사명 변경과 논란은 다음을 확인하라. "페이스북: 회사명 '메타'로 변경하는 페이스북… 그 이유는?", BBC, 2021.10.28.

6 'Meta Kids'는 학술적 명칭도, 통상적 명칭도 아닌 필자의 개인적인 의견이자 개념이다.

있다. 개념만 무수히 늘어놓고 방법론적 측면에서는 전문가들을 위한 내용으로 접근성이 떨어지거나 이상적이고 실현 불가능한 내용이 대부분이다. 그래서 이 글은 나와 동시대를 살고 있는 부모들이 참고할 수 있도록 '왜?', '무엇을', '어떻게'라는 측면에서 쉽고, 현실적인 방법을 찾기 위해 시작되었다.

메타키즈를 위한 미래 역량 찾기

미래에 필요한 역량은 무엇일까? 명쾌하게 정의하기는 어렵지만 빠르게 변화하고 정보가 넘쳐나는 세상의 변화에 '잘' 적응할 수 있는 능력과 나아가 주체적인 행위자로 사회의 발전에 이바지할 수 있는 능력은 꼭 필요할 것이다. 이처럼 개념적으로 필요한 능력들을 정리해 나아가다 보면 전혀 새로운 개념을 발견해 내는 것이 아니라 기존에 있던 개념을 재해석하거나 현재에도 강조되는 능력을 발전시켜 재정립하는 방법으로 필요한 능력들을 도출할 수 있다.

예를 들어 요즘 관심을 받고 있는 인지(cognition)능력은 과거에는 사물에 대한 인식, 상황에 대한 이해 등 기초 능력으로 표현되었지만, AI시대의 미디어 환경에 이르면서 중요성이 강조되고 있다.

디지털 기술이 생활 전반에 깊숙이 들어온 오늘날, 정보는 곧 힘이 되어 일상에서 즉각적인 영향을 미친다. 또한 현대 사회는 과거처럼 지식의 양만을 경쟁하는 시대가 아니라, 넘쳐나는 정보 속에서 핵심을 가려내고 해석하며 사회적 공감대를 형성해 빠르게 대응하는 능력이 중요해졌다.

AI시대의 미디어 리터러시는 정보를 읽고 소비하는 것을 넘어, 누가 어떤 의도로 생산했는가를 비판적으로 해석하고, 잘못된 정보에 휘둘리지 않도록 자신을 지키는 힘이다. 특히 SNS, 유튜브, 뉴스 알고리즘은 사실과 의견, 선전과 진실을 뒤섞어 보여주기 때문에, 인지적 혼란(cognitive confusion)을 극복하기 위한 리터러시 역량이 필수적이다. 여기서 중요한 것은 상황을 판단하고 받아들이는 힘, 즉 인지능력의 향상이다. 인지능력은 단순한 기억력이 아니라, 정보를 비판적으로 분석하고 스스로 사고를 조정하는 메타인지까지 포함한다. 이는 아이들의 학습에서도 마찬가지다. 부모가 단순히 정답을 가르쳐주는 것이 아니라 아이가 '왜 이 답을 선택했는지'를 돌아보고 스스로 잘못을 수정하며 성장할 수 있도록 돕는 것이 핵심이다.

결국 AI시대의 육아에서 인지 교육은 단순한 학습 전

략이 아니라, 아이들이 정보의 홍수 속에서 주체적으로 결심하고 행동할 수 있게 하는 생존 능력을 길러주는 것이다. 부모의 경험, 대화, 비판적 수용 태도는 곧 아이들의 사고와 행동에 반영되어, 결정적인 순간에 흔들리지 않고 올바른 결정을 하는 힘을 길러준다.

즉, '나는 제대로 알고 있는가?'가 요즘 필요한 능력이다. 우리는 이 개념을 발전시켜 미래를 준비하는 세대들에게 필요한 인지능력을 메타인지(meta cognition)라고 할 수 있을 것이다. 단순히 미래에 필요하다고 해서 '메타(meta)'라는 수식어를 붙이는 것이 아니다. 메타인지라는 개념은 이미 1970년대 미국의 심리학자 존 플라벨(John H. Flavell)이 체계적으로 정의한 능력이며, 그 뿌리는 고대 그리스 철학자 아리스토텔레스의 '자기를 성찰하는 사유'에서 찾아볼 수 있다.

메타인지를 쉽게 설명하면 곧 '나를 아는 힘'이다. "나는 누구인가, 어디에 있는가, 무엇을 원하는가, 그리고 그것을 이루기 위해 어떤 방향과 속도를 가져야 하는가?"라는 질문에 답하는 과정이다. 오늘날처럼 정보가 넘쳐흐르고, SNS 속에서 타인의 무수한 가치관과 삶이 뒤섞이는 시대에는 이 힘이 더욱 중요해졌다.

즉, 메타인지는 학문적 용어가 아니라 아이와 부모가

함께 자신의 사고를 점검하고 정보의 홍수 속에서 '진짜 나'를 분별해 내는 미디어 리터러시 능력과 직결된다. 부모가 스스로 "나는 지금 무엇을 보고, 어떻게 판단하고 있는가?"를 성찰하는 모습을 보여줄 때, 아이 역시 세상의 수많은 메시지 속에서 자신만의 길을 찾는 법을 배우게 된다.

이처럼 미래를 위해 필요한 능력은 이미 존재했던 능력의 개념을 재해석, 재정립하거나 미래에 맞춰 개념과 이론을 발전시키는 과정이 필요하다. 같은 능력이라도 '왜(why)' 필요한가는 시대의 변화에 따라 달라진다. 따라서 능력을 개발하는 접근 방식 역시 바뀔 수 있고, 같은 방법조차 다른 의미로 강조될 수 있다.

예를 들어, 산업혁명 시대의 창의력은 새로운 기계와 기술을 발명하고 효율을 높이는 데 초점이 맞춰졌다면, AI시대의 창의력은 오히려 기계가 대신할 수 없는 인간적 상상력, 맥락을 연결하는 힘, 그리고 문제를 새롭게 정의하는 능력으로 진화하고 있다. 중요한 것은 필요한 능력을 올바르게 선별하고, 그것을 키우는 방법을 통합하여 효과를 극대화하는 것이다. 이는 부모가 아이에게 단순히 많은 지식을 가르치는 것이 아니라 시대의 요구에 맞는

능력을 분별하고 그 능력을 놀이 · 대화 · 실패 경험 등의
다양한 방식으로 길러주어야 함을 뜻한다. 결국 역량은
불변의 개념이 아니라, 시대와 환경에 따라 끊임없이 재해
석되고 성장하는, 살아 있는 힘이다.

　다음 장에서는 전문가의 논문과 연구자료, 개인적 경
험을 통해 메타키즈가 맞이할 환경과 필요한 역량들을 정
리해 보겠다.

아이 키우는 부모,
STEM이 무엇인지는 알아야 한다

세상의 변화와 세대 구분

한 세대(generation)를 흔히 30년으로 나눈다면,[7] 과거의 30년과 현재의 30년은 그 변화의 속도와 내용 측면에서 엄청난 차이를 보인다는 것을 알 수 있다.

다음 표는 억지로 현시점부터 30년 단위로 세대를 구분하여 키워드를 정리한 것이지만 20세기 이후로는 인간과 연계된 기준보다 기술과 제도적인 변화로 세대를 구분하는 것이 나은 것으로 보인다.

신석기-구석기-청동기 이런 시대 구분은 천 년, 만 년 단위로 구분하지만 이제는 십 년 또는 5년 단위로 구분해

---

7   한 세대를 나누는 기준은 점점 줄어들고 있다.

30년 단위로 구분한 세대

1880년~1910년	전화기, 전철, 철선(鐵線)
1910년~1940년	일제강점기, 세계대전(전차, 전투기, 로켓엔진)
1940년~1970년	한국전쟁, 인공위성, 가정용TV, 전국의 일일 생활권
1970년~2000년	냉전체제 붕괴, 해외여행 자유화, 인터넷, 스마트폰
2000년~2030년	드론, AI, Chat GPT, 전기 자동차, QR코드, 팬데믹
2030년~	특이점, 초전도체(?), 메타시대

야 하니 오히려 번거롭다고 할 수도 있다. 하지만 우리의 부모 세대가 말하는 '나 어릴 때'는 우리보다 한 세대 전의 생소한 흑백영화가 상영되고 책에서 배운 6.25 전쟁 때를 이야기하는 것이다.

이제 세대 간의 차이는 부모와 자식 사이의 유전적 전이로만 설명되지 않는다. AI와 디지털 기술이 생활 전반을 지배하는 시대에는 기술을 어떻게 받아들이고 활용하는가가 새로운 생존의 기준이 된다. 기술에 적응하지 못하거나 적용을 거부하는 태도는 곧 부적응으로 이어지고, 이는 개인과 사회 모두의 경쟁력에 직접적인 영향을 미친다.

아이들의 미래 역시 마찬가지다. 머리가 좋은가보다 새로운 기술 환경 속에서 배우고, 익히고, 비판적으로 수용하는 능력이 생존과 성장을 가른다. 결국 미래 사회에서의 '적자(適者)'는 유전적 조건이 아니라, 기술에 대한 적응과 메타인지적 학습 능력을 갖춘 아이들이 될 것이다.

그렇다면 정말 특이점 이후의 미래 기술은 예측 불가능할까? 인간은 기술 발전에 따라 변화하는 세상을 예측할 수 없을까?

〈2000년의 세상(Jean-Marc Côté)〉(1899)

적어도 기술 발전의 방향성만큼은 어느 정도 예측할 수 있다고 생각한다. 이전 세대(1970년대) 당시에는 현재 세대(2000년대)가 손바닥 크기 전화기로 얼굴을 보면서 통화를 하는 것을 상상할 수 없었지만 몇몇 선지자들은 100년 전에 지금 모습을 예측했다.

오히려 기술이 발전하지 못하여 영화 〈스타워즈〉(미국, 1977)에서 그린 '대(對) 우주 시대'나 황폐화하고 그로테스크한 미래를 예측한 애니메이션 〈아키라〉(일본, 1982~1990)의 환경오염과 세계 3차대전은 다행히 벌어지지 않았다. 그리고 비교적 구체적인 시기를 제시했던 한국의 〈2020년 우주의 원더키디〉(한국, 1989)처럼 외계행성의 모험도 실현되지 못했다.

하지만 현재의 영상/데이터 전송 기술과 의료 기술은 위 작품 속 미래인들이 사용했던 것보다 더 발전했고, 제도적 합의와 충분한 자본 지원이 있다면 구현이 가능한 수많은 기술력도 보유하고 있다.

미래 발전 분야 예측 #STEM

앞으로 다가올 변화에 대해 각 분야의 전문가들이 미

래를 주도할 대표 분야를 정리했는데 이것이 바로 STEM[8]이다. 관심이 있는 사람이라면 한 번쯤 들어 봤을 것이다.

STEM은 단순히 미래 직업 전망이 좋은 분야, 고수입이 보장될 분야, AI로 대체되지 않고 인간이 일하게 될 분야를 분류한 것이 아니다.

먼저, STEM에 분류된 분야라고 할지라도 예측 불가능한 기술의 발전으로 인해 언제라도 변화가 생길 수 있다. 인터넷의 등장으로 새로 생길 직업과 사라질 직업을 예측할 수 없었듯, 앞으로 어떤 기술이 생겨나 어떤 영향을 미칠지 모르기 때문이다. 그럼에도 STEM을 분류한 건 전문가들이 기술 발전 추이를 판단하여 기관의 검증을 통하여 공인하기 위해서이다.

미국의 경우, STEM 관련 분야는 미국 국토안보부인 DHS(Department of Homeland Security)에서 CIP[9] 코드를 통하여 구분하고 공인한다. 2024년 6월 22일 기준으로 공식 인증을 받은 약 400개 이상의 STEM 학과가 있다. 전

8　STEM: 과학(Science), 기술(Technology), 공학 (Engineering), 수학 (Mathematics) 분야를 지칭하는 용어로서, 일부에서는 예술(Art)을 포함하여 'STEAM'이라고 하기도 한다.

9　Classification of Instructional Programs. 다음 링크를 통해 확인 할 수 있다. https://www.ice.gov/sites/default/files/ documents/stem-list.pdf

통적인 STEM 전공인 공학, 생물학, 수학, 물리학 외에 저널리즘, 사회 과학, 교육 전공도 일부 포함된다.

이 기준으로 국가 차원에서 우수 인재를 육성 및 영입하면 자원을 통합하고, 전문성이 부족한 단체나 부실한 교육단체가 우후죽순 생기는 것을 막아 사회적인 비용 낭비를 최소화할 수 있다.

미국, 영국과 같은 IT 선진국들이 STEM에 집중하는 주된 이유는 다양한 분야가 통합되고 연계되며 자동화될 때 그 변화를 주도할 분야가 STEM이며 그 최종상태를 통제하는 것은 인간이어야 하기 때문이다.

따라서 STEM 분야에 종사하는 인재들에게 요구하는 사항은 ① 자기 분야에 대해 전문적이고 ② 미래 변화에 적응하기 위한 기술 '융합'을 위해 다른 분야에 대한 이해도가 높으며 ③ 창의적인 사고와 ④ 타 분야 전문가들과 협업을 통하여 ⑤ 문제를 해결해 나갈 수 있는 역량이 있어야 한다는 것이다.

2장
미래를 여는
핵심역량

'미래에 필요한 역량' 개념 재정립

기술 발전에 적응하기 위한 역량의 교육 방향과 개념을 재정립해야 한다는 주장은 끊임없이 이어지고 있다. 예를 들어 하버드 대학교 리더십센터의 책임자인 와그너(Tony Wagner) 박사는 2008년 『글로벌 성취 격차』[1] 라는 저서에서 국제적으로 성공한 정치인과 기업인들이 제시한 미래 인재상과 교육 방향에서 공통적으로 보이는 7가지 기술을 분석하였다.

1　Wagner, Tony, *The Global Achievement Gap: Why Even Our Best Schools Don't Teach The New Survival Skills Our Children Need- And What We Can Do*, Basic books.

비판적 사고와 문제 해결	민첩성과 적응성
주도성과 기업가 정신	호기심과 상상력
정보 엑세스 및 분석	효과적인 구두 및 서면 의사소통
네트워크를 넘나드는 협업과 영향력을 통한 선도	

지금 보아도 디지털, 네트워크 세대를 위한 혜안(慧眼)이 아닐 수 없다. 특히 그는 뉴미디어가 뇌 구조와 인지 방식에 변화를 일으키면서, '앞으로의 세대는 무엇보다도 즉각적인 만족감을 추구하는 데 집중할 것'이라 예측했다. 나아가 미래 세대는 직접적인 관계를 확장하며 자기 관심 중심의 만족을 위해 장소의 제약 없이 멀티미디어 세계에서 지속적으로 연결되고, 창작하고, 멀티태스킹(multi-tasking)을 수행하려 한다는 지금의 상황도 예측했다.

하지만 와그너 박사의 7가지 기술의 필요성과 개념은 당시 예측한 기술의 발전에 따른 해석이라는 시대적 한계가 있다. 예를 들어, 와그너 박사의 '호기심과 상상력'은 교육에서 항상 강조하는 '창의력(creativity)'과 연관된다. 와그너 박사의 '창의력'은 디지털 시대에 필요했던 발전과 혁신을 위한 창의력으로, 디지털 기술력을 바탕으로 실현 가능한 기술과 체계의 혁신을 생각해 내는 것이다.

그런데 메타키즈에게 필요한 창의력은 개념이 다르다. 기술의 발달로 AI와 빅데이터를 활용한 '창의력'은 인간이 원하는 목표의 청사진을 구체화할 수 있는 능력이다.(이는 뒤에 기술할 '창의력' 부분에서 구체적으로 설명)

이렇듯 같은 단어와 표현이지만 새로운 시대에는 새로운 언어와 의미로 개념이 정리되어야 하고 때로는 의미마저 변한다.

이러한 과정을 통해 '무엇이?', '왜?' 필요한지 이해하면 '어떻게' 해야 할지 답을 얻을 수 있다.

4C+2C+1C, 과거에도 그리고 현재에도 중요한 능력

2016년 스위스 다보스에서 열린 세계경제연합회의 '다보스 포럼'[2]에서 세계를 이끄는 기업 대표들이 21세기 학생들에게 필요한 능력을 발표했다.

---

2 공식명칭은 WEF(World Economic Forum)으로 매년 개최되는 이 모임의 2016년의 주제는 '4차 산업혁명의 이해'였다.

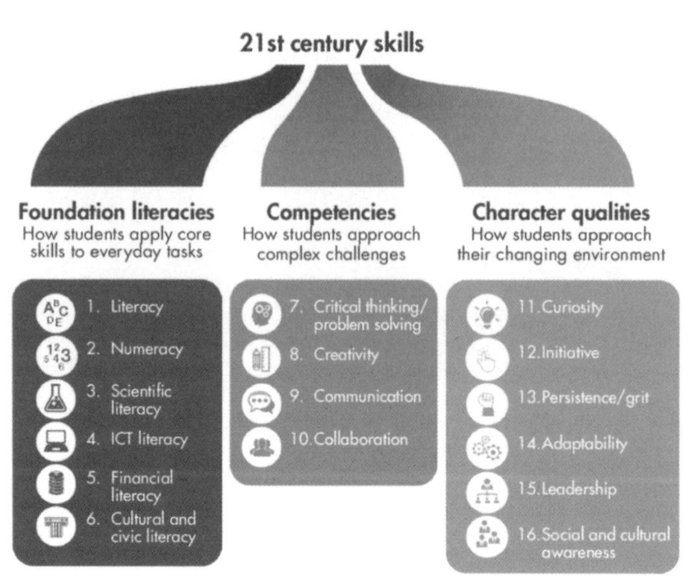

21세기 학생에게 필요한 16가지 기술(다보스 포럼, 2016)

기초 이해력 (foundation literacies)	문해력, 수(數) 이해, 과학 이해, 정보 소통 기술, 재정 이해, 문화와 시민의식
핵심 능력 (competencies)	비판적 사고(문제 해결 능력), 창의력, 소통 능력, 협업 능력
적응 능력 (character qualities)	호기심, 추진력, 지속력(grit), 적응력, 리더십, 사회/문화 인식

미국 교육부, Apple, AOL, Microsoft, Cisco, SAP SE 를 포함한 기업 및 NEA(National Education Association)와 같은 교육 관련 조직의 연합은 2006년부터 P21 프레임워크(P21 Framework)를 진행하였다. 이 연합은 21세기 학습을 위한 파트너십(Partnership for 21st Century Learning)으로 통칭하여 21세기에 필요한 기술을 학습에 통합하기 위한 모델을 개발하고 학생들의 역량을 향상하기 위해 조직되었다.[3] 2015년까지 해당 모델을 지속적으로 업데이트하였고 그 결과가 2016년 다보스 포럼에서 발표된 것이었다. 세계 교육계에는 일대 파란이 일었고, 특히 21세기 핵심역량 4가지는 무엇에 홀린 듯이 대부분의 교육계 인재 양성 목표가 되었다.

우리나라의 교육계도 크게 다르지 않았다.

2015년 개정 교육 과정의 창의 융합 인재가 갖춰야 할 6가지 핵심역량으로 '지식 정보력, 창의 사고력, 의사 소통력, 공동체 능력, 자기 관리력, 심미 감성 능력'을 지정했다.[4]

이후 2018년 베스트셀러 『최고의 교육』(로베르타 골린

---

3   Demystifying Learning Frameworks: The P21 Framework-Remake Learning.

4   교육부, 2015.

코프, 캐시 허쉬 파섹, 예문아카이브)에서도 "21세기 4차 산업혁명 시대 미래 인재의 6가지 능력으로 '협력(Collaboration)', '의사소통(Communication)', '콘텐츠(Content)', '비판적 사고(Critical Thinking)', '창조적 혁신(Creative Innovation)', '자신감(Confidence)' 등 '6C 역량'이 중요하다."라고 말하며 창의력과 의사소통 능력, 협업 능력 등 과거에서부터 지금까지 시대는 변하였지만 비슷한(때로는 한두 가지 새로운 개념이 추가된) 필요 역량을 제시했다.

새로운 단어와 표현은 없었고, 각 역량이 현재에 갖는 개념을 새로이 정립하여 중요성을 강조했다. 그리고 위 '새로운' 이론과 개념이 발표된 지 10여 년의 시간이 흘렀다.

그사이 당시에는 예측하지 못한 'ChatGPT'나 'Gemini' 같은 신기술이 발표되었고 빠르게 또 다른 새로운 시대가 다가오고 있다. 우리는 새로운 시대에 필요한 역량의 개념을 다시 정리해야 한다.[5] 그리고 무엇보다 미처 시기적절하게 대처하지 못하는 교육기관을 기다릴 것이 아니라 집에서 하나의 행동과 습관이 얼마나 많은 역량에 영향을 미치

---

5 이 글에서는 기술의 발전과 STEM의 강조로 도외시되었던 공동체, 헌신, CEO의 자질 등에 대해서도 철학적 사고와 경험적 사실을 토대로 정리할 것이다.

는지 이해하고 실천해야 한다.

미래 핵심역량(7C)이란?

지금까지 다루었던 내용을 종합하면, 미래의 아이들 즉, '메타키즈'에게 필요한 역량은 '21세기에 필요한 기술'을 바탕으로 선정하되 미래에 맞는 신(新)개념을 정립해야 한다는 것이다. 또한, 미래 사회와 우리나라 교육계의 특성을 반영하여 '우리 아이들'에게 필요한 능력과 실천사항이 제시되어야 한다.

직업적으로 나는 사회에 첫발을 내딛는 수많은 젊은 세대를 지켜보고 접하며 그들에게 부족하거나 반드시 필요한 역량을 선별해 이 글에 반영했다. 그리고 전문가들의 연구를 참고하여 STEM(과학기술·공학·수학) 역량과 철학적 사고를 어떻게 융합할 수 있을지에 대한 방안을 제시했다. '왜?' 미래 세대에게 이 역량들이 필요한지, 부모들이 일상생활에서 육아를 통해 아이들에게 '무엇을?', '어떻게' 습득시킬 수 있는지를 제시한 것이 이 글의 핵심이다. 아이를 키우는 같은 시대의 부모로서 작은 경험이라도 나누고 함께 실천해 아이들에게 더 밝은 미래를 열어줄 수 있다면, 그 과정에서 느낄 수 있는 나의 부끄러움쯤은 기꺼이 감수할 것이다. 그것이 내가 바라는 작은 소망이다.

여러분의 아이는 어떤 직업을 갖게 될까요?
: 공공선(common good)

말 그대로 '공공선은 모두를 위해 좋은 것'이다. 그렇다면 '모두를 위해 좋은 것을 선택하여 내가 불행해진다면 그것은 좋은 것인가?'라는 질문을 던질 수 있다. 반대로 '나에게는 좋고 타인들에게는 해를 끼치지 않는 악행은 나쁜가?'라는 질문을 할 수도 있다.

언젠가 아이들과 등산을 갔는데 큰아들이 산에서 도토리를 주웠다며 몇 개는 집으로 가져가고 싶다고 했다. 나는 아들의 손바닥에 있는 도토리 중에 구멍이 있고 모양이 예쁘지 않은 도토리는 버리자고 했다.

"아빠는 얼마 전에 어렵거나 힘든 친구를 보면 도와주고 같이 놀아야 한다고 했으면서 왜 아픈 도토리는 버리라고 해? 얘는 누구랑 놀라고!"

아들의 이야기에 머리를 무엇에 한 대 맞은 것 같은 충격을 받았다. 나는 당시 모 대학에서 철학과 학과장으로 사회윤리를 가르치고 있었다. 이론과 현실을 유리(流離)시키는 것은 오히려 어른인 나였다.

미래의 공공선은 최대한 많은 사람의 이익을 위해 소수의 희생을 강요하는 것과, 피해를 보는 사람이 없다면 나의 이익을 위해 악행을 하는 것이 옳은지 고민하는 것을 의미하지 않는다.

미래의 공공선은 행위에 대한 최초 의지가 선했는지를 우선으로 평가한다. 결국 '의지의 선(善)'을 평가하는 기준은 '공공을 생각하고 더 나아가 인류애를 최우선으로 생각하는가'이다.

너무 거창하다고 할 수 있겠지만, 메타키즈들이 하는 모든 언행이 지금도, 미래에도 본인의 의지와 상관없이 범세계적으로 퍼져 나간다는 것을 인식한다면 그 중요성을 간과할 수 없다.

예를 들어 인터넷에서 유행이었던 방글라데시 시골 마을 학생들의 생일 축하 챌린지(유튜브 채널 Team Azimkiya)가 전 세계 수천만 명의 관심을 받으며 생일 축하를 의뢰한 한국 사람의 신상을 공유한 사례가 있다. 이제 어떤 한 개인이 네트워크에 공유한 한마디는 확장 그룹만 다를

뿐, 클릭 한 번으로 모두에게 공개되어 누구나 접근할 수 있다는 것을 인식해야 한다.

메타키즈들은 말과 행동에 주의해야 한다. 그렇다고 위축되거나 모든 것이 노출되므로 두려워해야 한다는 게 아니라, 지극히 현실적이면서도 공익을 위한 행동과 누구도 공감할 수 있는 합리적 사고를 할 수 있어야 한다는 것이다. 공공선은 미래의 기술과 사회 운영의 척도가 될 것이기 때문에 일상에서도 머리와 몸에 신중함을 익혀야 결정적인 순간에 공감과 명분을 얻고, 사회의 신랄한 심판으로부터 살아남을 수 있다. 누가 보지 않는다고 하더라도, 다른 사람에게 피해를 주지 않는다고 하더라도 내가 옳다고 생각하는 것을 실천하는 행동(신독, 愼獨), 아픈 도토리가 외롭지 않도록 다른 건강한 도토리와 함께 챙겨 가야 한다는 선한 마음을 갖고 실천하는 것이 공공선이다.

미래 기술의 궁극적인 목표

인간은 AGI(범용인공지능)[6]로 모든 질병을 치료하고, 기후(위기)와 에너지 문제를 해결하는 데 도움을 받고, 생

6 특정 문제뿐만 아니라 주어진 모든 상황에서 생각과 학습을 하고 창작할 수 있는 능력이 있는 AI.

산성의 향상과 일상생활의 풍요로움, 일상적인 관리 업무 자동화를 눈앞에 두고 있다.[7]

화학을 전공하지 않았음에도 노벨화학상(2024)을 수상한 구글 인공지능 부문 계열사 '딥마인드'의 CEO 데미스 허사비스(Demis Hassabis)는 인간 수준의 인지능력을 갖춘 '범용인공지능이 10년 이내에 등장할 것'으로 예상했다.

등장 당시부터 지금까지 우리를 놀라게 하는 'Chat GPT'를 개발, 보급한 오픈AI의 공동 설립자이자 수석과학자인 일리야 수츠케버와 얼라인먼트 총괄 얀 레이케는 자사 블로그를 통해 '초지능은 인류가 발명한 기술 중 가장 영향력 있는 기술이 될 것이지만 한편으로는 인류를 무력화하고 멸종시켜 버릴 수 있다'라고 밝혔다. 이어서 '현재로서는 초지능 인공지능(AI)을 제어하고 제멋대로 행동하는 것을 방지하는 솔루션은 없다'라고 지적했고, 인간의 안전 확보를 위한 연구에 나설 필요가 있다고 했다.[8]

7   이지안, "알파고 아버지 "AI, 10년 내 모든 병 치료"", 〈세계일보〉, 2024.10.04.

8   김하경, "오픈AI "인간보다 뛰어난 초지능 AI 10년 내 등장… 인류 위협할 것"", 〈동아일보〉, 2023.07.07. 참고로 일리야 수츠케버는 2024년 회사를 떠났다.

우리가 생각하지 못한 미래가 빠르게 다가오고 있다. 전문가들은 적어도 10년 안에 인공지능(AI)은 초지능의 수준에 도달할 것이며, 인간을 대체하여 의료, 교육, 금융, 제조, 에너지, 교통 등 다양한 산업 분야에서 혁신을 주도할 것이라 예상한다. 하지만 미래 기술 발전은 인류에게 기회와 함께 책임감을 요구한다.

인공지능 기술이 윤리적으로 개발 및 사용될 수 있도록 사회적 함의를 도출하고, 인공지능 기술의 혜택이 모든 사람에게 골고루 돌아갈 수 있도록 노력해야 한다. 아직 많은 부분에서 기술의 발전에 비교하여 인공지능 윤리 등 인간의 삶을 풍요롭게 하기 위한 궁극적인 목표와 방향성 설정은 미흡하다. 이는 자칫 인류에게 악영향을 끼칠 수 있으므로 기술의 발전과 함께 제도적, 윤리적 기준을 제시하고, 인공지능과 관련된 기술들의 방향성을 설정해야 한다.

그 설정의 기준이 되는 것이 '공공선'이다. 기술을 개발하는 개발자, 기술을 사용하는 개인과 조직이 궁극적으로 추구해야 할 목표도 공공선이다. 공공선을 추구하는 것은 개인과 개인이 서로 연결되어 살아가는 사회에 신뢰와 상생의 미래를 약속할 수 있는 희망이 된다.

개인에게는 궁극적인 목표와 방향을 제시함으로써 물

질 만능주의, 기술 만능주의에 함몰되어 개인의 자아가 비인간화(도구화)되는 것을 방치하고 인류애를 중심으로 삶의 목적과 행복을 추구할 수 있게 하는 원동력이 되어 줄 것이다.

아이가 장래 진로를 선택하는 기준으로서 공공선

메타키즈들이 진로를 선택할 때는 부모 세대와는 기술적, 사회적으로 많은 것이 다를 것이다. 없던 직업이 생겨나고 있던 직업이 사라질 것이다. 돈을 많이 버는 작금의 직업은 미래에 없을 수도 있고, 기술 적응에 대한 양극화가 더 심해질 수 있다. 2026년 현재에도 불과 십 년 전과 선호하는 직업의 양상이 변했다. 지금 아이들은 유명 유튜버처럼 개인 방송의 창작자(크리에이터)가 되고 싶다고 하는데, 부모들은 아이에게, 인류애에 기초해야 하는 직업관을 상실하고 환자의 목숨을 담보로 의료분쟁의 중심에 있는 의사, 선과 악의 진실보다 수임료에 따라 죄의 유무와 형량이 결정되는 법조계의 변호사가 되길 바란다.[9]

현재 부모 세대는 유난히 '-사' 자 전문직에 대한 선호

---

9 우리나라 사회현상을 강조하기 위해 일부 극단적인 경우로 과장하여 표현하였음을 밝힌다.

가 높다. 이러한 현상을 마주하며 우리는 반드시 질문해야 한다. "내가 아이에게 제시하는 진로 선택의 기준은 과연 합리적인가?"

돌이켜 보면, 지금 내가 자식에게 강요하는 방식은 과거 부모님들이 나를 괴롭히던 그 방식과 크게 다르지 않다. 만약 내가 '인류애의 실천을 위해서', '사회정의를 구현하기 위해서' 의사와 변호사를 권한다면, 그것은 누구에게도 부끄럽지 않은 권유일 것이다. 하지만 단지 '소득이 높아서', '남에게 잘 보이기 위해서'라는 이유만으로 그 길을 권한다면 그것은 결국 누구를 위한 미래를 준비하는 것인지 진지하게 재고해야 한다.

앞에서도 언급했듯 의사와 변호사 업무도 미래에 상당히 많은 부분이 빅데이터, 인공지능, 초정밀 로봇으로 대체될 수밖에 없음을 알고 있음에도 눈앞의 현실에 혹은 자기만족을 위해서 부모들은 '현재' 불안해하고 있다.

10년 이내 아이들은 부모 세대 기준으로는 생각하지 못한, 완전히 다른 영역에서 진로 선택의 기로에 서게 될 것이고, 결국 그들 스스로 고민을 해결해야 할 것이다. 이때 직업 선택의 기준이 '인류의 발전과 이익, 행복'이라는 숭고한 대의(大義)라면, 누구도 부정할 수 없는 불변의 선택 기준이 될 것이며, 미래에도 이론과 실제의 괴리로부터 나를 지탱해 주는 힘이 될 것이다. 공공선이 진로 선택의 목적이 되지 않으면 우리나라 특유의 '-사' 자 추구는 유능한 인재들을 쓸데없는 경쟁에 몰아넣는 비극적인 종말을 맞이하게 할 것이고, 물질 만능주의와 첨단기술의 부정교합은 사이버 도박, 암호화 화폐 조작, 스캠(scam) 같은 사회적 병폐를 유발한다는 것에 유의해야 한다.

메타키즈는 세상의 발전에 적응하고 행복하게 '잘' 살 수 있어야 한다. 우리 부모와 우리 세대는 여러 분야에서 성공을 거뒀다고 평가받고 있지만, 결과적으로 살고 싶은 세상을 만드는 데는 실패했다. 메타키즈는 우리가 만들어 놓은, '아이를 낳기 싫은' 세상에서 살아야 한다. 그렇다면 과연 우리가 당당하게 아이들에게 '미래를 살 방법'을 강요할 권리가 있을까?

'나의 성장환경이 너무 힘들었기 때문에, 너희가 아이 낳기 싫은 것을 이해한다'라고 해야 하는가, 반대로 '나는 괴로웠어도 이겨냈기 때문에 이만큼이라도 사니까 너희도 고생하면 나만큼 살 수 있다'라고 아이들을 괴롭혀야 하는가. '나는 대충 포기했지만 너는 해내야 해'라며 나도 못 한 것을 강요하는 것이 맞을까?

모든 것은 결과가 증명하겠지만 과정을 무시한 결과를 우리는 현실로 직시하고 있다. 아이를 낳으면 돈이 많이 들기 때문에 낳지 않겠다는 것은 남들이 하는 것만큼 내 아이에게도 무언가를 시키려고 하기 때문이다. 하지만 현실적으로 맞벌이 부부는 아이와 함께할 시간도 적고, 남들이 시키는 것도 다 따라서 시킬 수 없다. 주어진 여건 내에서 최선을 다하다 보면 결국 시간과 육체를 갈아 넣어야 하고 하루하루가 진이 빠진다.

문제는 여기서 시작이다.

부모들은 왜 아이들에게 사교육을 시키고 학원에 보내는가?

이 질문의 의도는 아이들에게 사교육을 시키지 말라는 것이 아니다. 오히려 현실적인 육아 시간이 없다면 사교육을 시키기 전에 먼저, 내가 무작정 남들 따라서 학원을 보내려는 것인지, 내 아이가 원하는 것들을 배우게 하려는 것인지 구분해야 한다는 것이다. 남들은 보내고 싶어도 못 보내는 학원을 보냈는데 투정 부린다고 짜증을 내는 것이 아니라 아이에게 맞는 학원을 찾아줘야 한다는, 간단하지만 쉽지 않은 결정을 이야기하는 것이다.

이 문제가 중요한 것은 지금까지와는 다르게 AI시대에는 부모의 변화가 절실하기 때문이다. 메타키즈에게 사교육은 조만간 외울 필요 없을 기술과 공식을 억지로 외우기 위한 것이 아니라, '나에게 맞는 것'의 감각을 알고 즐기면서 연구하고 깊이 생각하는 사고력과 타인과의 관계를 깨닫는 사회성을 찾는 기회여야 한다.

사고 영역의 확보와 사회성을 키우는 기회에서 아이들은 관계의 신뢰성을 위해 법과 규칙, 배려와 이해가 필요하다는 것을 알고 나와 조직이 추구해야 할 방향의 최종 목적지는 모두를 위한 공공선이라는 것을 이해해야 한다.

AI와의 대화법이 있다는 것을 알고 있나요?
: 상호 소통 능력(communication skill)

미래 사회에서 소통의 목적

21세기에 꼭 필요한 기술 중에 빠지지 않고 언급되는 것은 소통하는 능력(communication skill)이다. 복합해지는 사회구조와 업무의 융합을 고려했을 때, 과업 해결 과정을 이해하고 타 업무에 대한 기본 지식을 자기 언어로 습득하기 위해서는 소통이 꼭 필요하다. 우리는 COVID 시대를 겪으며 다양한 수단과 방법으로 공간을 초월한 소통을 통해 업무 해결 경험을 쌓아 왔다. 다양한 수단을 통한 소통은 미래를 살아가기 위해 꼭 필요한 기술이라는 것을 인지하게 된 것이다.

메타키즈들은 '사람-사람'의 소통만이 아니라 '사람-기계(AI)'의 소통을 경험하게 될 것이고, 더 나아가 '기계-

기계’의 소통에도 관여하게 될 것이다. 특히, 다른 언어 체계로 소통하기 위해서는 나의 소통 방법과 상대의 소통 방법을 이해해야 한다.

소통의 방법에는 최초 소통을 시작하는 방법과 소통을 진행하는 방법, 마무리하는 방법 등의 절차가 있고, 정보 획득, 지식, 감정, 의견, 친밀감 등을 전달하기 위한 목적에 따라 소통 방법의 차이도 있다. 무엇보다 미래의 소통은 내가 원하는 바를 상대방이 정확히 인지하고 내가 원하는 답을 전해주거나, 상대방이 원하는 것을 정확히 인식하고 내가 상대방의 의도에 맞게 전달하고 있는지 확인하는 것이 주(主)가 된다.

교육, 경제, 사회 등 각 분야에서 상황판단-결심 체계에 다양한 요소를 종합하고 적용하기 위해 AI 활용 방안을 연구하고 있으며, 이를 위한 법적인 문제와 윤리적인 문제에 대해서도 논의가 끊이지 않고 있다. 특히, 생명 연구와 무기 개발 등 인간의 생명과 직접적인 영향을 미치는 분야에서는 ‘인간 존중’과 ‘생명의 존엄성’이라는 우선 가치가 전도되지 않도록 신기술을 적용하는 과정에 주의를 기울이며 심도 깊은 연구를 하고 있다.

이런 근본적인 문제를 접어두더라도 AI가 인간의 사

고와 대화방식으로 자료를 수집하고 학습한다는 점에서 결국 인간과 AI의 소통에서도 인간의 대화방식은 유지될 것이고, 인간은 다양한 소통 방법을 기초로 AI라는 대화 상대를 이용하게 될 것이다. 대신 이 대화 상대는 그 누구보다 다양한 문화와 대화들을 경험하였으므로 우리는 사람과 대화할 때보다 더 신중히 '일반적인' 소통의 방법을 구사해야 한다.

미래 소통의 특징 3가지

메타키즈의 소통이 현재와 달라질 점은 크게 세 가지다.

첫째, 소통하는 목적을 구체화해야 한다.

미래의 소통은, ChatGPT가 정보 수준에 따라 비용이 다르듯이, 수준과 정확도에 따라 시간과 비용이 상이할 것이다. 따라서 나와 상대가 원하는 것, 대화의 주체가 원하는 결과물의 명확한 청사진을 구체적이고 종합적으로 이해하고 소통을 시작해야 한다.

둘째, 소통하는 대상을 명확히 인식해야 한다.

앞으로 인간, 기계(AI) 또는 인간과 기계의 대화를 중계하는 매개체 등 대화의 대상은 다양해질 것이다. 비록 그 대상들은 편리를 위해 인간화(人間化)될 것[10]이지만 사람이 아님을 망각하지 말고, 이성과 감정을 조절해야 한다.

끝으로, 다양한 소통법을 익혀야 한다.

기존의 방법이 문자, 음성 중심이었다면 이제 영상, 이미지, 물체, 생각 등 우리 주변의 모든 것으로 소통하게 될 것이다. 미래의 소통을 위해서 메타키즈는 지금보다 더 많은 것을 물어보아야 하고, 상대는 그들에게 더 많은 것을 물어볼 것이다.

미래의 소통 #육하원칙

메타키즈의 소통방식은 시간과 상황, 장소 등 모든 것이 지금과는 다른 다양한 환경에서 이뤄질 것이다. 지금 우리 세대가 실시간 채팅으로 문의하는 것, 키오스크 기계 앞에서 간단히 응답하는 것과는 차원이 다르다. 소통의 목적, 방법, 대상에 따른 소통 기술에 적응하기 위해서는 지금부터 부단히 연습해야 한다.

메타키즈들에게 미래의 소통이 어떻게 다가올지 육하원칙(5W1H)에 따라 정리해 보았다.

---

10 우리가 자동차, 가전기기, ASR에서 AI를 사용하는 것같이 대화 상대는 다양하지만 모두 사람과 대화하듯 소통하는 현상을 말한다.

언제 소통할까?

소통을 위해서는 적절한 '때(timing)'가 중요하다. 너무 이르거나 늦으면 원하는 정보를 얻기 어려운 경우가 많다. 주로 경험을 통해서 적절한 때가 습득되거나 사전 약속을 통해서 소통의 기회가 주어지고는 한다. 미래에는 소통의 적절한 시기가 내가 원하는 정보의 완성도와 공개 범위에 따라 판가름 날 것이다. 그렇기에 내게 필요한 정보의 수준을 알고 예측하는 능력이 필요하다. 너무 이르면 오판에 이르고, 너무 늦으면 모두가 아는 정보로 가치가 떨어진다.

어디서 소통할까?

미래의 소통은 흔히 장소에 구애받지 않는다고 생각하지만, 실제로는 정보의 가치와 등급에 따라 소통의 장소와 경로가 결정될 것이다. 정보에 접근하는 수단은 다양해지지만, 그 안에서 정보의 질(주로 금전적인 영향으로) 차이가 발생한다. 예를 들어 딥시크처럼 저렴하거나 무료에 가까운 AI도구는 접근성을 크게 낮춰주지만 동시에 특정 데이터와 관점에 치우친 정보가 제공될 가능성도 함께 안고 있다. 매체와 창구가 다양해질수록 우리는 단순히 '어디서 정보를 얻느냐'보다 '어떤 정보를, 어떤 기준으로 선택하고 해석하느냐'라는 선택을 해야 한다. 물질적인 장소도 관련 법규와 요구에 따라 달라질 것이다. 예를 들면 운전하면서 휴대전화의 사용이 제한되는 현재와 달리 자율주행 시대에는 이동하면서 접하는 정보 수단과 미디어 소비 방식이 완전히 달라질 것이다.

누가(누구와) 소통할까?

미래에는 대화 상대가 광범위하게 변화할 것이다. 건강 이상, 재무 상태 등에 따라 AI가 소통을 요구할 수도 있고, 반대로 내가 원하는 정보나 심리상담 등을 위해 사람이나 AI에게 소통을 요구할 수 있다. 이때 대화 상대에 따라 사용하는 어구, 단어, 억양 등에 차이가 있을 수 있고, 문자 형태라면 동음이의어와 같은 것에 주의할 필요도 있다. 즉, 상대에 따라 소통하는 방법도 변화하는 과도기를 겪을 것이다.

무엇을 소통할까?

소통의 목적은 지금과 크게 달라지지 않을 것이다. 대신 소통하는 대상이 AI로 확장되어 지금 우리가 답답함을 겪고 있는 자동응답(ARS) 서비스가 거의 모든 영역에 적용될 것이다. 물론 지금보다는 좀 더 원활한 대화가 가능하도록 발전하겠지만 메타키즈는 사회적 소통의 대부분을 기계와 진행할 것이고 이 모든 것은 데이터 축적, 또는 법적인 증거 자료 수집을 위해서 모니터링되고 대응 수단으로 사용될 것이다.

어떻게 소통할까?

다자간 영상회의나 AI를 이용한 실시간 통역은 이미 이뤄지고 있다. 동시에 인종과 문화의 이해나 포용 없는 국경 없는 소통이 상대방에게 상처를 주고 있다. 앞으로는 기계가 인간의 표현을 이해하지 못하는 경우도 생길 것이다. 예를 들어, 우리의 언어생활에 흔히 쓰이는 '~해 죽을 것 같다'라는 표현을 AI가 어디까지 이해할지 의문이다. 그럼에도 다양한 수단과 방법을 통해 메타키즈는 소통할 것이고, 소통하는 방법을 알아야만 주도적으로 세상을 살아갈 수 있다.

왜 소통할까?

미래는 나를 알기 위해서 소통할 것이다. 소통을 통하여 정체성과 관계를 확인하고 내가 원하는 것을 명확하게 알수록 내가 얻을 수 있는 것도 많아질 것이다. 앞으로는

AI와의 대화 끝에 해결되지 않는 문제의 인간적인 측면을 고려하기 위해 사람과 대화하는 일이 많아질 것이다. 따라서 사람과의 대화는 오히려 감정적이거나 관계 유지를 위한 목적으로 좀 더 '인간적인' 교류를 나눌 경우가 많아질 것이다.

사교를 목적으로 소통하는 것에 대해, 우리나라 사람들은 짧은 대화(small talk)에 상당히 소질이 없는 경우가 많다.

그중에서도 대화하기 싫은 상대는 과도한 조언, 참견, 간섭 등을 남발하는 사람으로, 이들과는 좋은 의도로 시작한 대화가 변질되어 결국 회피하게 되는 경우도 많다. 수많은 정보와 데이터로 모든 것이 순식간에 검증될 미래에는 지금의 대화법으로는 오히려 말하는 사람이 손해를 보는 경우가 생길 수 있다. 그러므로 대상에 따라서 소통하는 방법과 내용을 적절하게 구성하는 것이 필요하다. 우리는 메타키즈가 소통의 대상과 방법에 따라 대처할 수 있는 능력을 키워주어야 한다.

정말로 질문을 안 하는 대한민국 아이들, 학생들, 사람들: 창의력(creativity)

창의력의 중요성

인류가 생겨난 이래로 창의력의 중요성은 항상 강조되고 있다. 창의력은 인간이 할 수 있는 고차원적 사고력이며, 창의력을 통해서 할 수 있는 행위는 다양하다.

다음은 〈블룸의 지식발달 단계〉에서 설명하는 사고의 위계다. 블룸은 지식을 단순히 기억하고 이해하는 수준에서 출발해, 적용·분석·평가를 거쳐 창조(create)에 이르는 단계로 발전한다고 보았다. 이 체계에서 창의력은 가장 마지막의 부가적 능력이 아니라 모든 사고 과정을 통합해 새로운 의미를 만들어 내는 가장 높은 단계의 사고력이다. 창의력은 타고난 재능이 아니라 깊이 있는 사고가 충분히 축적되었을 때 도달할 수 있는 인간 고유의 능력이다.

블룸의 지식발달 단계[10]

고차원적 사고력(Higher Order Thinking Skills)

창조하기 (Creating)	설계하기(Designing), 구성하기(Constructing), 계획하기(Planning), 제작하기(Producing), 발명하기(Inventing), 창안하기(Devising), 만들기(Making)
평가하기 (Evaluating)	확인하기(Checking), 가설화하기(Hypothesizing), 비평하기(Critiquing), 실험하기(Experimenting), 판단하기(Judging), 시험하기(Testing), 탐색하기(Detecting), 관찰하기(Monitoring)
분석하기 (Analysing)	비교하기(Comparing), 구조화하기(Organizing), 해체하기(Deconstructing), 속성 파악하기(Attributing), 개요화하기(Outlining), 찾기(Finding), 체계화하기(Structuring), 통합하기(Integrating)
응용하기 (Applying)	시행하기(Implementing), 수행하기(Carrying out), 사용하기(Using), 실행하기(Executing)
이해하기 (Understanding)	해석하기(Interpreting), 요약하기(Summarizing), 추론하기(Inferring), 주석하기(Paraphrasing), 분류하기(Classifying), 비교하기(Comparing), 설명하기(Explaining), 예시하기(Exemplifying)
기억하기 (Remembering)	인지하기(Recognizing), 열거하기(Listing), 묘사하기(Describing), 알아보기(Identifying), 검색하기(Retrieving), 이름 붙이기(Naming), 배치하기(Locating), 찾기(Finding)

저차원적 사고력(Lower Order Thinking Skills)

창의력이란 개념은 계속 강조되고 있지만 창의력을 응용하는 방법은 시대 흐름에 따라서 변화하고 있다. 지금까지 창의력이 물리적인 새로운 것을 생각하고 불편한 것을 개선하는 데 초점을 맞춰 왔다면, 미래 메타키즈에게 강조되는 창의력의 응용은 '질문하는 능력'이다.

AI에게 질문을 잘못하면 답을 얻을 수 없다. AI에게 답을 얻기에 좋은 질문은 무엇이고, 질문을 잘하기 위해서는 무엇을, 어떻게 학습해야 할까?

질문의 중요성

질문이 없으면 변화가 없다.

일본 자동차 기업 토요타의 타이치 오노(Taichi Ohno)가 제안해 기업 혁신에 성공한 '5WHYS' 기법은 문제 해결을 위해 5번 '왜?'라고 물으면 문제의 근원을 찾을 수 있다는 이론에서 시작되었다. 유대인의 기본 교육 방법인 하브루타(havruta)도 짝을 지어 주제별로 문답 형식의 토론 및 공부법을 강조한다.

질문하는 것은 관심이 있다는 것이고, 관심이 있으면 집중하게 된다. 집중하면 깊이 파고들고 파고들수록 발전하게 된다. 무엇보다 질문할수록 내가 원하는 것이 무엇인지 구체화되고, 구체화되는 것은 확신과 추진력으로 이어진다.

또한 질문은 이해도를 측정하는 기준이다.

시험도 출제자가 수험자에게 하는 질문인데, 질문을 통해 능력을 평가하고 실력을 가늠한다. 질문은 나 스스로에게 하는 방법으로부터 현자에게 하는 방법까지 다양한 수단과 방법을 이용하여 이루어진다. 가까운 이에게 물어볼 수도 있고, 질문하는 내용과 수준이 높은 곳에서 답을 구하고자 멀리 해외로 유학을 가기도 한다. 하지만 대한민국 학생들은 질문을 정말 안 한다.

학생만 안 하는 것이 아니라 물어보는 것으로 먹고사는 기자도 질문을 안 한다. 2010년 서울에서 열린 G20 정상회의 폐막식에서 미국 오바마 대통령이 한국 기자에게 질문권을 배려했을 때 기자들이 침묵한 것은 전 세계에서 회자되었다. 심지어 스위스에서 석사학위를 하고 있을 때 교수님이 이 일례를 들며, 내가 질문을 잘 안 하는 이유를 알겠다고까지 했다. 나는 한동안 고개를 들지 못했다. (당시 나는 독일어로 수업을 따라가는 것에 급급하여 질문을 하지 못했고, 상처받은 자존심이 나를 각성시켜 그 이후에는 하루 한 번 질문하기라는 목표를 세우고 지켰다.)

독일, 스위스, 미국의 대학 수업에서는 학생들이 의견도 많이 발표하고, 질문도 많이 한다. 때로는 기초적인 질문도 있지만 때로는 생각지도 못한 질문과 기발한 질문을 하는 경우도 많다.

나 또한 한국에서 대학 수업과 외부 강좌 수업을 맡기도 하고 참여도 많이 해 보았지만 참여 점수, 발표 점수가 포함되지 않으면 학생들에게 자발적인 참여를 기대하기 어려웠다.

질문을 안 한다는 것은 교수가 수업을 어렵게 하거나, 너무 잘해서 모두 이해하거나, 학생들이 너무 훌륭하거나, 수업에 관심이 없거나 아니면 질문하고 발표하는 것을 부끄럽게 생각하는 등 다양한 이유가 있다. 하지만 확실한 것은 질문하지 않으면 깊게 파고들 수 없다는 것이다.

메타키즈가 질문하는 능력이 없다는 것은 미래에 필요한 핵심 능력 중 창의력의 기초가 없다는 것이다. 궁금한 것이 무엇인지 또는 AI에게 알고 싶은 것이 무엇인지 생각하고 소통을 통해서 구체화하는 과정에서 결정적인 질문을 하지 않는다면 시간과 돈과 기회를 놓치게 될 것이다.

우리는 아이들에게 좋은 질문을 잘하는 방법을 알려 주어야 한다. 질문이 습성이 되려면 학교 기관을 이용하는 것은 너무 늦고 빈도도 적을 수밖에 없다. 그렇기에 부모들이 집에서 수시로 아이들의 질문을 받아 주어야 한다. 그러려면 체력과 끈기, 인내력과 다정함이 필요하다.

질문을 안 하는 한국 사람

질문을 잘하는 사람은 따로 있을까? 개인의 성향일까? 문화적 요인일까?

우리나라의 경우에는 문화적 요인이 큰 것 같다. 특히, 젊은 세대는 유행하는 브랜드를 따르거나 집단 패션 양식을 많이 따른다. 남들이 하지 않는 양식을 추구한다고 하더라도 결국 이미 구축된 비주류의 성향(영역)에 속하는 것들을 선택하는 것에 그친다.

수업 시간이나 다른 모임에서 손을 들고 의견을 발표하거나 질문하는 것을 '튀는 행동'으로 간주하는 문화는 유교문화, 불교문화 탓이라고 할 수 없는 '대한민국 특유의 문화'인 것 같다.

특히, 유치원, 초등학교 저학년에는 그렇게 손을 들고 발표하는 것을 좋아하는 아이들이 초등학교 고학년을 지날수록 질문이 적어지고 위축되는 것에는 우리나라 교육문화 영향이 크다고 본다.

그리고 기업이나 공공기관 등 서열이 있는 조직에서

상급자가 원하는 '이미 답이 정해진' 계획과 보고서가 이미 준비되어 있고 회의는 요식행위인 경우가 대부분인 것 또한 한국의 사회적 문제이다. 심지어 학회나 세미나에서도 사전에 질문을 받거나 모범 답안을 만들어서 시간을 단축한다는 핑계로 '짜고 치는' 경우가 종종 있다.

우리나라 교육기관은 (지금은 많이 줄이고는 있지만) 너무도 빠르게 많은 지식을 주입한다. 나의 아이가 미국 초등학교 3학년 때 배운 교과의 내용은 두 살 어린 쌍둥이 동생들이 미국에 오기 전 한국에서 배운 것과 같았다. 하지만 수학 과목 외에 독서하고 토론하는 법, 나라의 역사, 지리, 문화를 배우고 조사하고 발표하는 방법은 한국 초등학교에서는 없는 내용이었다.

대한민국의 교육체계는 평가를 통하여 수치로 성적이 나오는 성과주의의 체계이다. 또한 참여나 토론보다는 주제에 대해 일방적으로 알려주고 암기하는 폐쇄적인 형태이므로 굳이 아이들이 질문할 필요가 없다.

그리고 중학교 이후로는 배워야 할 내용이 너무나 많아서 질문할 시간조차 없다. 그런 교육체계를 거쳐서 대학에 오니, 교수가 원하는 답안을 작성하기 위해서는 우선 경청해야 하고, 질문하면 배워야 할 진도에 지장을 주

거나 이미 알고 있는 학우들에게 피해를 줄 것 같다는 이
유로 질문을 회피한다.

질문이 없으면 발전도 없다. 지금까지 우리나라는 질
문할 수 없을 정도로 바쁘게 달려왔다. 다른 나라의 발전
과 인적 자원 개발을 위한 시스템을 답습하기에도 시간
이 모자랐다. 하지만 더 나은 미래와 발전을 위해서는 한
단계 도약을 위한 노력이 필요하다. 그것이 질문하고 토
론하는 문화다.

우리는 유교문화 때문이라고 하지만 오히려 유교는
사제 간의 문답을 통해 자신을 알고 문제의 본질을 이해
하는 교육방식이 기본이었다. 그 기본에는 상호 존중이
있다. 나는 미리 알았을 뿐 가르치는 것이 아닌, 지식을
공유(共有)하는 입장으로, 언제든지 나도 옳지 못할 수
있다는 겸손(謙遜)과 타인의 시각을 통해서 배울 수 있다
는 겸양(謙讓)의 자세가 있었다. 자유로운 질문과 토론을
위한 환경, 대화에 참여하는 사람의 겸손한 자세는 유교
와 불교, 유대교 등 대부분의 종교가 역사서에 기록한 학
습 방법이다.

우리는 현재 우리나라의 사회적 문제를 지나간 역사
와 전통을 왜곡해서 변명하거나 다른 데 책임을 전가해서

는 안 된다. 세상 사는 방법에는 답이 없다는 것을 누구나 알고 있다. 답이 없는 것에 질문하는 행위는 사회적 해(害)를 가하는 것이 아니라 오히려 미래 발전를 위한 사회적 이(利)로움이다.

좋은 질문이란?

흔히 좋은 질문은 문제의 핵심을 찾아내거나 질문을 한 사람이 듣기 원하는 물음이라고 생각하지만, 정말 좋은 질문은 '최초의 질문'이다. 누군가 생각하지 못한 최초의 질문은 그 문제를 이해하고 고심했음에도 문제가 풀리지 않을 때 나오게 된다.

때로는 과감하고, 황당하고, 또는 도발적이고, 도전적인 질문이 오히려 사고의 틀을 깨고 세상을 변화시키는 시작점이 될 수 있다. 요즘에는 교육계에서도 질문 중심 학습환경을 조성하고, 질문의 정도를 측정하는 인공지능 질문 평가 시스템[11]도 개발되어 있다.

'질문' 자체의 질적인 측면을 연구하는 전문가들은 한 목소리로 미래 기술 발전을 추구할 수 있는 인간이 할 수 있는 높은 수준의 질문은 '가정'을 설정하는 질문이라고

11 Smile(Stands for Stanford mobile inquiry-based leaning environment).

한다. AI 데이터 분석 기술은 주어진 데이터를 기초로 현상을 분석하고 결과를 제시하지만, 가정의 설정은 인간이 제시하지 않으면 결과를 산출하는 데 제한이 있기 때문이다. '만약'이라는 가정 설정을 통해 발휘되는 인간의 창의력은 그 무엇과도 바꿀 수 없는 유일한 능력이고 가정을 현실화할 수 있는 기술의 발전은 인간의 가능성을 무한대로 열어주는 것이다.

다음으로 좋은 질문은 앞에서도 설명한 공공선에 기초한 질문이다. 인류는 AI로 인한 인류의 발전을 기대하면서도 한편으론 인간의 존엄성이 역전될지도 모른다는 두려움을 겪고 있다. 무엇보다 지구 어느 한 곳에서 일어난 일이 전체 인류에게 영향을 끼치는 게 가능해지면서 인간이 인간을 불신하는 사건도 빈번이 일어난다. 그렇기에 우리는 질문의 방향성을 인류애적 관점으로, 윤리적으로, 또는 법적인 테두리 안에서 설정할 수 있도록 해야 한다.

지속 가능한 기술 발전은 미래 인류가 지향해야 할 방향이고, AI윤리 분야에서도 연구가 활발한 영역이다.

결론적으로 인간의 '가정' 설정과 AI와의 작업은 인류애를 기초로 한 인간의 존엄성과 공공의 이익을 해치지 않는 범위에서 법적, 제도적으로 보완되고 제재가 이루어

질 것이기 때문에, 메타키즈도 이러한 미래 사회의 변화에
일찍부터 익숙해져야 한다.

4

대안 없는 비판은 공허한 외침에 불과하다
: 비판력(critical thinking)

미래 세대, 비판하는 능력에 대하여

주어진 상황을 그대로 받아들이지 않고 다양한 시각으로 분석해 문제점, 논리의 사각지대, 한쪽으로 편향된 의견 등에 대해 판단하는 비판 능력은 과거부터 미래까지 항상 꼭 필요한 능력으로 거론되었다.

메타키즈에게 비판력은 새로운 기술의 발견과 기술을 사용함에 따라 새로 생기는 법을 적용하고 이용하는 데 생각지 못한 불이익을 당하지 않고, 예측하지 못한 변수로 인한 문제들의 옳고 그름을 판단하는 기준이 될 것이다.

예를 들어, AI가 제공하는 정보들은 사용자 편향에 따른 알고리즘을 따라서 사용자가 원하는 방향으로 제공된다. 이때, 편향성을 극복하고 다양한 자료를 찾아가는 능력은 비판력이 없으면 불가능하다.

AI의 판단은 빠른 정보 처리 속도와 방대한 자료로 인해 인간이 그 과정을 알 수 없는 상태에서 결과가 나오는데, 이 '인간이 이해할 수 없는 처리 과정'을 'AI Black Box' 문제라고 한다.

따라서 과정은 추론하지 못해도 도출된 결과에 대해서 검토하고 거짓(AI 할루시네이션, Hallucination)[12]은 없는지, 최초 기준 설정에 오류는 없는지 평가하기 위해서는 비판력이 꼭 필요하다.

비판과 불평의 차이

우리는 대안 없는 비판은 누구나 할 수 있다고 한다.

직장 생활을 하면서 경험하는, 대안 없이 문제를 제기하는 상관은 실무자들로 하여금 스트레스와 함께 업무 진행을 저해하는 큰 요소로 작용하는 경우가 많다.

특히 '이건 좀 이상한 것 같은데'와 같이 문제가 무엇인지조차 모르면서 느낌에 기초한 비판은 난감하다. 문제 제기는 누구나 할 수 있다. 그런데 자기에게 사과할 것

---

12 AI가 근거 없는 정보, 사실과 다른 내용, 존재하지 않는 문헌 · 사람 · 법령 등을 자신 있게 말하는 오류를 말한다.

과 물질적, 심리적 보상만을 요구하는 불평 가득한 문제 제기는 업무 처리와 조직 운영을 방해하는 행위에 불과하다. 이는 일과 조직을 망치는 일이다.

업무 처리와 조직의 발전을 위해서는 문제 해결과 발전 방향을 같이 제시해서 수용하는 이에게 문제로 지적된 부분에 대해 변론할 기회를 제공하고, 제시된 대안을 주제로 서로 토의할 수 있도록 해야 한다. 즉, 대안 없는 비판은 불평일 뿐이므로, 단순한 문제 제기가 필요한 시기가 아니면 지양하는 것이 좋다.

물론, 문제 제기 자체가 나쁜 것만은 아니다. 미처 식별하지 못한 사항이나, 아직 대안이 준비되지 않았으나 더 이상 지체되면 적절한 시간을 놓치는 급박한 사항에 대해서는 신속한 문제 제기가 필요하다. 예를 들어 산업 현장에서 안전과 관련된 사항은 대안의 제시보다 위험을 인지하는 순간 자체가 중요하다. 그렇기에 불평이 아닌 적절한 비판을 하기 위해서는 문제를 제기하는 '타이밍'과 문제의 성격에 따른 '대안의 준비'가 조화를 이루어야 한다.

단지 업무에만 비판력이 필요한 것은 아니다. 기술이 발전하면서 일상생활에도 냉철한 상황판단이 필요한 순간이 늘었다. 현재 상업적 알고리즘은 우리의 일상에서 말과 행동(인터넷 댓글, 후기, SNS 사용 빈도, 검색어, 게시글 등)을 모니터링하고 취향과 소비성향에 맞춰서 사용자가 원하는 콘텐츠와 상품을 제공한다. 원하는 것만 보고, 필요가 없는데도 소비하는 편향적인 정보 섭취는 단기적인 만족감을 줄지는 몰라도 장기적으로는 지식 편향과 욕구의 단순화로 지적인 활동과 감정적인 통제 문제를 유발한다.[13]

특히, 우리나라에서도 SNS를 비롯한 넷(net)상의 소통이 증가하면서 언어 감정의 표현에 함축적이고 극단적인 성향이 늘어나고, 이용자들의 성향이 감정적으로 변화하는 문해력 부족과 혐오의 시대를 겪고 있다.

자신의 분야가 아니어서 잘 알지도 못하지만 경험, 느낌에 따라서 타인에 대해 불평하고 자기중심적으로 사과받기만을 원하는 심리상태가 계속되는 것은 단기적인 욕구불만에 대한 역치(易置)가 낮아진 반증이다.

반대로 알고리즘과 혐오 문화를 이용하여 속칭 '어그로'[14]를 끌어 조회수와 관심도를 높이는 등 사회적 반향을

---

13 메타(meta)의 전(前) 임원이었던 팀 켄달(Tim Kendall)은 상업 알고리즘에 대해서 머릿속까지 들여다보는 알고리즘이 인간을 마음대로 조종할 수도 있고 "비판적 사고 능력을 마비"시킨다며, 업체는 이를 알면서도 이용한다고 폭로했다.(기획취재팀, "머릿속까지 들여다보는 알고리즘, 인간을 마음대로 조정할 수도", 〈조선일보〉, 2021.01.22.)

14 어그로(aggro): 악화(aggravation), 공격(aggression) 등을 유발하여

역(逆)으로 악용하기도 한다.

비교와 허세가 유행처럼 번지는 문제는 기회비용의 낭비에만 그치지 않는다. 우울증 증가와 같은 사회적 문제도 우려스럽지만, 이를 악용한 사회적 범죄 증가는 심각한 문제다.

편향적인 AI의 알고리즘이 전달하는 정보에 잠식되거나 불평만 하는 사람은 문제를 그대로 받아들이고 감정적 행동으로 정신적, 물질적 피해를 볼 수 있으므로 건전한 시각과 평정심으로 문제 속에서 답을 찾고 해결하기 위해 비판력을 갖추어야 한다.

비판을 잘하는 사람

메타키즈에게 비판력은 미래를 살아가는 기초능력이자, 자신을 발전하게 하는 필수능력이 될 것이다. 비판을 잘한다는 것은 주어진 정보를 받아들일 때 객관적이고 중립적이며 맥락을 잘 이해하여 대안을 제시하는 것이다. 객관적으로 문제를 이해하면, 주어진 정보가 사실에 기초하고 자료를 분석하는 기준이 공정한가를 판단하게 된다. 무엇보다 알고리즘의 중독에서 '보고 싶은 것만 보는' 성

관심을 높이는 행위의 사회적 속어이다.

향을 극복하고, 검증된 자료에 기초한 사실(팩트, fact)을 바탕으로 한 판단은 제2의 '줄기세포', '초전도체' 이슈[15]에 휘말리지 않게 한다.

　중립적이라는 것은 정보를 수용할 때 감정과 정치적 성향에 치우치지 않고 장단점을 분석하며, 논점에 대한 옹호와 비판을 수용하여 다양성을 이해하고, 다른 쪽 의견을 수용해 편향성을 최대한 극복하는 것이다. 정치적 진보와 보수, 사회이념, 젠더 등 나의 감정보다는 다른 이들의 생각을 알아보기 위해 평소와는 다른 시각으로 가치중립적인 정보 판단을 하는 것은 나의 시각과 주장, 이론의 논거를 더욱 단단하게 한다.

　비판을 잘하는 사람은 문제의 맥락을 잘 알고 있다. 즉, 문제의 시작부터 현재까지 진행 과정, 대치되는 의견들과 가치관의 내용, 또는 문제 발생 원인부터 문제 해결을 위한 방향성을 설명할 수 있는 통찰력을 가지고 있다.
　비판을 잘하는 사람은 성급하게 해결책을 찾기 위해 현재 상황에만 집착하지 않고 대관소찰(大觀小察)하여 큰

15　2005년 황우석 박사의 줄기세포 논문 조작 사건이나 2023년 LK-99 초전도체 입증 논란 사건은 정보의 편향성과 대중 논리가 사회적 문제를 발생시킨 대표적인 사건이다.

맥락 속에서 흐름을 알고 작은 부분에 접근하여 연계성의 오류를 찾아낸다.

비판을 완성하는 것은 적절한 대안을 제시하는 것이다. 객관적이고 중립적이며 맥락을 고려한 대안의 제시는 비판을 강력하게 한다. 그리고 대안이 수용되면 주도권을 가지고 내가 원하는 방향으로 상황을 이끌거나 문제를 해결하고, 발전적인 방향으로 과업을 진행할 수 있게 한다.

대안을 제시한다는 건 문제를 제기해야 하는 적절한 시기를 안다는 것이다. 적절한 시기의 문제 제기는 비록 대안을 갖지 못하더라도 대안을 제시하는 것보다 효과적일 수 있다. 예를 들어, 긴박한 순간 절차상의 오류, 안전 수칙 미준수, 맥락에 맞지 않는 흐름을 인식했을 때 문제를 제기하는 것은 발전적인 문제 해결에 도움이 될 수 있다.

비판을 수용하는 능력과 비판을 활용하는 방법

비판을 잘하는 것만큼 중요한 건 비판을 수용하고, 그 비판을 나에게 유리하게 활용하는 것이다. 특히 편향, 편견이 강한 감정적인 집단이나 단체, 개인을 상대하면 올바른 비판임에도 수용하지 못해 문제의 본질은 해결하지 못하고 다른 문제를 초래하거나 협상의 자리 자체를 뒤집는 경우가 있다.

학교나 직장 등 다양한 사회집단에서도 말하는 사람의 태도나 자세 등을 지적해 문제의 본질을 흐리는 경우가 많다. 비판 자체를 받아들이지 못하고 연륜, 경험, 예외적인 상황을 들먹이며 절차와 과정을 무시하려는 경향도 있다. 비판을 겸허히 수용하고 발전을 모색하지 않는 집단은 문제를 해결하지 못하고 결국 도태되는 경우가 많다.

아이가 친구나 부모와 이야기할 때 다른 생각을 받아들이지 못한다면 고민해 보아야 한다. 아이의 비판 수용 역량은 주변 사람 중 특히 부모의 영향을 크게 받는다.[16] 엄마와 아빠 사이, 아이와 부모 사이의 대화에서 다른 의견을 무시하거나, 합당한 이유 없이 거절하는 상황을 많이 경험한 아이는 '남의 말을 잘 듣지 않는' 어른이 될 가능성이 크다.

메타키즈는 부모와 함께 훈련을 통해서 비판을 수용하는 법을 연습해야 한다. 부모로부터 받는 영향이 가장 크기 때문이다. 학교, 학원 등 다수의 인원이 수용되는 집단에서는 비판 자체가 허용되지 않거나, 비판과 수용의 과정을 위해 연습할 시간이 충분하지 않다. 비판을 수용하는 과정은 다음과 같다.

---

16 노충래 등(2023), 「중학생이 인식한 부모 양육 태도가 다문화 수용성에 미치는 영향」, 『한국사회복지교육』 63권.

문제 제시-의견 교환-비판과 수용-문제 해결

비판을 수용한다는 것은 단순히 상대방의 말을 잘 듣고 반대 의견에 대한 화를 참는 것이 아니다. 비판은 나의 의견, 정보를 깊게 분석할 때만 가능하므로, 관심을 주어 감사하다는 생각을 먼저 갖고, 나의 태도를 이성적이고 차분하게 유지하는 것부터 시작해야 한다.

다음으로는 비판을 통해 문제를 다시 살펴볼 기회가 나에게 제공되었다는 열린 마음을 가져야 한다. 결국 상대의 논거가 타당한지, 나에게는 오류가 없는지 등 서로의 정보 교환과 토론이 나에게 기회가 된다고 인식해야 한다.

마지막으로 비판을 통해 발전된 사항을 나의 의견에 반영하거나 반영하지 않을 옥석을 가리는 과정을 거쳐야 한다. 비판을 전부 수용할 필요는 없다. 상대의 관심과 비판은 겸허히 경청하되, 이를 이용하는 것은 나의 권리임을 자각하는 것이 발전적인 비판 활용법이다.

5

아이의 사회성은 학교 교육 탓?
: 공동 작업과 구성 능력
(cooperation & composition)

융합과 통합의 미래

미래 사회와 산업의 주요 특징으로 기술혁신, 디지털 전환, 지속 가능성을 들 수 있다. 특히 기술혁신의 중심에는 인공지능(AI), 사물 인터넷(IoT) 등이 있으며 각 분야의 벽을 넘어선 융합과 통합이 활발할 것이다. 현재의 디지털 전환 수준도 오늘의 생각이 내일 현실이 될 만큼 소프트웨어(software)와 하드웨어(hardware)의 연계성이 즉각적이고 유기적이다. 산업 분야에서 아이디어가 기술을 통해 상품으로 전환되는 예로는 요리 프로그램에서 우수한 평가를 받은 음식이 일주일도 안 지나 밀키트(meal kit)로 가공되어 전국 편의점에 유통된 것, 콘텐츠가 관심을 받자마자 악세사리, 피규어 등이 3D 프린터로 출력되어 시장에 판매되는 경우 등이 있다.

지속 가능성에 관하여도 협업과 업무 구성 능력은 강조된다. 미래 세대가 건축, 환경과 산업, 우주개발 등 지속 가능한 프로젝트를 실행하기 위해서는 각 분야의 전문가들이 협업하여 목표를 달성해야 한다. 이를 위해 기술, 제도, 자원 등 많은 분야에서 전문적인 합의가 있어야 하며, 제한된 자원과 시간, 법적인 제재 아래서 업무의 우선순위를 정하는 구성 능력을 갖추어야 한다.

어떤 조직이든, '조율'은 성과의 보이지 않는 핵심이다.

기업에서는 흔히 실무팀의 일정을 총괄하는 PM(Project Manager) 혹은 전략기획실이 존재한다. 이들은 직접 결정을 내리는 CEO나 부서장이 아니라, 결정권자의 판단이 최적의 타이밍에 이뤄질 수 있도록 뒤에서 판을 짜는 사람들이다. 이 역할을 맡은 사람에게 필요한 능력은 단순한 일정 조율만이 아니다.

각 부서의 업무 특성과 한계를 이해하는 경험 기반의 직·간접 전문성, 경영진이 원하는 큰 방향과 수치 목표를 읽고 해석할 수 있는 정무적 감각, 어느 팀이 과부하로 무너지지 않도록, 또 어느 팀이 느슨해지지 않도록 업무 흐름을 설계하는 자원·피로도 조율 능력이 필요하다. 좋은 전략 기획자는 '모든 업무를 완벽히' 알 필요는 없지만, 모든 흐름을 입체적으로 바라보고 '결정권자의 결심을 돕는 데 집중하는 사람'이다. 이들이 없다면 조직은 바쁘게 움직여도 효율이 떨어지고, 일은 많은데 성과는 없는 상태에 빠지기 쉽다.

미래 사회는 다양한 기술 융합과 다영역의 산업 환경이 조성될 것이다. 이에 따라 다른 분야와 협업, 우선순위에 기초한 과업의 배열을 통해 앞에서 예를 든 PM의 역할처럼 효율성을 극대화하는 능력이 강조될 것이다. 이 능력을 위해서는 직무에 대한 이론적 지식뿐 아니라 '감(感)'을 위한 장기간 경험도 중요하다.

이런 경험은 육아 과정에서도 쉽게 찾을 수 있다.

자녀 셋을 키우는 가정이라면, 가족 구성원 중 누군가는 가족 전체의 일정과 에너지를 전략적으로 설계해야 한다. 한 아이가 병원 진료를 받아야 하고, 다른 아이는 발표회가 있으며, 셋째는 감정적으로 민감해 아무것도 안 하려고 하는 상황이라면?

무엇을 먼저 하고, 무엇을 포기할지, 누구에게 어떤 말을 먼저 건넬지, 그 모든 판단과 실행에 따라 하루의 질이 달라진다.

나는 직장에서나 가정에서나 '결정권자를 보좌하며

최선의 타이밍을 설계하는 조율자'가 얼마나 중요한지를 직접 경험했다.

AI시대가 도래해도 이 '조율의 감각', 즉 상대의 상태를 읽는 능력, 전체를 구조적으로 보는 시야, 때를 기다리는 신중함은 결코 기계가 대신할 수 없을 거라고 나는 생각한다. 아이가 보고 자란 부모의 조율 능력은 그 아이가 자라나 미래 사회에서 협업하고 업무를 주도하는 리더십의 핵심역량이 될 것이다. 부모는 오늘 그 역할을 아이의 눈앞에서 수행함으로써, 말이 아닌 삶으로 아이에게 가르쳐야 한다. 아이와 놀이터나 해변에서 모래성을 쌓을 때, 집에서 같이 레고를 만들 때, 가족들과 베란다나 마당에 작은 정원을 꾸밀 때 아이는 협업과 구성, 과업의 조율을 배운다.

같이 노는 아이, 혼자 노는 아이

우리나라의 출생률은 한 가정당 1명 이하다. 우리집은 아이 셋을 키우며 집안에 조용할 날이 없었고, 조용하면 무언가 사고를 치고 있는 것이었다. 항상 같이 노는 아이들이지만 조용히 들여다보면, 첫째는 어른들 눈치를 많이 보면서 동생들을 통제하는 데 열을 올리고, 동생들이 말을 듣지 않으면 제풀에 지쳐 스트레스를 받는 일이 잦았다. 둘째는 누가 말하지 않았는데도 중간에서 자기 것을 양보하거나 배려하면서 둘과 잘 지내다가 누군가와 사이가 틀어지면 다른 형제를 찾아서 놀곤 한다. 셋째는 좀 특이한데, 평소에는 어울려서 잘 지내지만, 주장이 강하고, 형과 누나가 자기와 놀아주지 않으면 혼자서 보란 듯 잘 논다.

개인의 성향인지 아니면 서열에 대한 특성인지 잘 모르겠지만 아이들은 같이 놀 때 서로를 위해 새로운 놀이 방법을 개발하든가, 순서를 정하는 법, 놀이 종류에 따라서 불리한 사람을 배려하는 법 등의 규칙을 만들어 발전시켰는데, 이 규칙은 사람이 늘어도 참여가 가능하도록 확장성이 있었다.

같이 노는 아이들의 놀이 속에서 보이는 유연성과 확장성은 게임형 놀이만 아니라 블록 쌓기나 조형물 구성 등의 생산성이 필요한 놀이에서도 찾아볼 수 있었다. 이는 협업과 자기 역할 이해로 이어졌다.

혼자 노는 아이는 한 가지 장난감으로 자신과 이야기하기(Story telling), 일인다역 등의 방법으로 놀았는데, 어른이나 다른 아이가 함께 놀 때 자신이 정한 규칙이나 배역대로 하지 않으면 스트레스를 받았다. 그렇다고 혼자 노는 아이가 혼자 자란 경우가 많은 것은 아니다. 대학교와 군대, 자원봉사 등에서 만난 외자녀들을 보면 사회성이 좋은 경우도 많았고, 반대로 형제, 남매로 자랐더라도 사회성이 부족하거나 이기적인 성향인 경우도 있었다. 그들의 특징을 분석해 보면, 유아기 부모가 조성한 성장 환경이나 아이와 부모 관계, 육아 방식 등이 형제자매 유무보다 더 영향력이 컸다.[17] 특히, 과잉보호와 과도한 경쟁에 노출된 아이들은 커서도 혼자 지내는 성향과 이기적인 성격을 가질 확률이 높았다.[18]

부모가 아이에게 경쟁을 부추기는 환경을 조성하고, 과잉보호를 통해서 타인을 배려하지 않고 자기중심적인 행위를 합리화하는 것을 반복하면, 아이는 독불장군식의 사고와 행태를 가지고, 결국 유치원이나 학교 등 사회성이 요구되는 단체 생활에 적응하지 못해 스스로 고립된다. 이것을 우리나라 특유의 명문대 입학을 목표로 순위를 가르는 사교육 경쟁 환경이 초래한 결과라고만 볼 수는 없다. 학교와 사교육 등 경쟁적인 교육 환경 속에서 자란 아이가 사회성이 부족하다는 연구 결과보다는 오히려

---

17 Sandler, Lauren(2013), "Only Children: Lonely and Selfish?", *The New York Times*, 2013.06.08.

18 스테판 발렌틴(2013), 『혼자 노는 아이 함께 노는 아이』, 한경피비의 2장 참고.

부모의 육아 방식이 아이의 사회성에 영향을 미친다는 연구가 더 많다.[19] 즉, 작게는 평소 엘리베이터를 올라탈 때, 음식점이나 놀이공원에서 차례를 기다릴 때, 놀이터에서 아이들과 놀 때 부모가 보이는 말과 행동에서 아이들은 더 많이 배운다.

여기서 한국의 교육체계를 비판하기에는 무리가 있다. 이미 오래전부터 한국 교육체계도 융합형 인재 양성을 위해 경쟁보다는 화합과 협력, 존중하는 인재 육성을 목표로 운영되고 있어 부모 세대의 학교생활과는 다르기 때문이다. 그리고 집과 학교에서 가르치는 영역이 점점 분리되고 있기 때문에 예전처럼 학교에서 단결력과 협동심을 기르는 활동을 기대해서는 안 된다.

천상천하 유아독존(天上天下 唯我獨尊)

개인의 사회성 부족, 이기적인 성격을 우리는 대한민국 특유의 경쟁적인 입시 문화, 사교육이 지배하는 교육 환경 때문이라고 이야기한다. 하지만 타인을 배려하지 않는 사회구조와 개인들의 시민의식이 낮은 것을 단지 사회

19　Sandler, Lauren(2013) 앞의 기사, 김종원(2025) 『너에게 들려주는 꿋꿋한 말』, 퍼스트펭귄의 2장 참고.

의 책임으로만 돌리는 건 변명에 불과하다.[20]

미국의 경우는 자본주의와 적자생존이 국가경쟁력의 중심이고, 도태되는 기술력과 인력은 시장에서 외면당한다. 미국의 명문대 입시를 위한 사교육 시장은 우리나라보다 치열하다. 명문대학교에 진학하기 위한 커리큘럼 준비와 전통 있는 사립 중고등학교 입학 경쟁은 재력과 인맥을 총동원해 조기에 이루어진다. 그러나 '사교육'과 '사립학교'가 추구하는 입시 준비의 영역은 SAT 시험(우리의 수학능력 시험 개념)을 준비하는 데 국한되지 않는다. 그들이 준비하는 것은 희망 전공과 관련된 활동, 사회활동, 개인 경험 등으로, 여러 방면에서 다른 학생과 차별화하는 것을 목적으로 한다.

미국에서는 얼마나 관련 분야에 관심이 있고, 대학 교육에 필요한 적응력과 사회성을 가졌는지 증명해야 한다. 그리고 실제 재학 중에도 다양한 활동에 참여한다. 오직 수능과 관련된 서열 경쟁에만 몰두하는 우리와는 인재상이 다르다.[21]

20　김윤신, "선진국으로 가는 시민의식", 〈경기일보〉, 2024.06.18.

21　우리나라도 2023년까지는 학생들의 사회성을 교과 외 활동을 통해 평가하려고 했지만, 논문 대리 작성, 수준에 맞지 않는 학회 참석 및 연구 활동 조작 등 갖은 사회적 문제로 결국 대부분이 폐지되었다.

그렇다고 여기서 미국 교육 시스템의 우수성을 말하려는 것은 아니다. 다만 우리의 체계에서 부족한 부분은 어디선가 보충되어야 하는데, 그것이 우리의 가정교육에서 채워지지 않는다는 데서 문제가 발생한다는 점을 말하고 싶다.

해외에서 우리나라를 방문하는 상당수의 관광객이나 유학생들은 건물 입구에서 앞사람이 문을 잡아주지 않는 우리의 문화에 당황스러움을 금치 못한다. 우리는 카페에서 노트북과 휴대전화를 두고 자리를 비워도 아무도 훔쳐 가지 않는 실험 동영상[22]을 보며 자아도취되어(속된 말로 국뽕에 취해) 자화자찬하지만, 사실 그 배경에는 여기저기 설치된 CCTV가 있다. CCTV 사각 지역에 수북이 쌓인 담배꽁초는 미숙한 우리의 시민의식을 그대로 보여준다.

시민의식은 개개인의 의식의 집합이고, 개인의 인격은 태어나면서부터 형성이 시작된다. 아이들은 태어나면서 부모로부터 사회성을 배운다. 시민의식이 부족한 것은 가정교육과 연관 있다.

'천상천하 유아독존(天上天下 唯我獨尊)'은 부처가 세상

---

22 유튜브 채널 '화인문 TV'의 "외국인들이 테스트해본 한국의 치안, 과연 결과는?" 참고.

에 태어나서 제일 처음 한 말로 '세상에 오직 나만이 존귀하다', 세상의 '나'는 모두 귀하다는 뜻이다. 이는 인간으로서 개개인은 모두 존귀한 존재로, 부처같이 될 수 있다는 인간 존중 사상의 근간이 된다.[23]

다른 사람의 아이가 버릇없이 구는 행위에는 그 부모를 욕하면서, 소중한 나의 아이가 버릇없다는 질타를 받고 본인들이 욕먹는 것에는 주저하지 않는지 고민해야 한다. 아이가 존중받고 다른 이를 존중하며 살기에도 짧은 시간에 부모의 영향으로 고독하게 혼자 싸우면서 타인과 관계조차 맺을 수 없는 환경을 조성하고 있지 않은지 고민해야 한다. 적어도 아이는 형제자매와 놀든가, 친구와 놀든가, 아니면 부모라도 같이 놀아야 한다.

아이를 공부하게 만들고 싶다면 부모는 집에서 일을 하든지, 밀린 집안일을 하든지, 또는 거실에서 책을 읽거나 옆에서 숙제를 같이 해야 한다. 최악은 아이에게 게임도 못 하게 하고, TV도 못 보게 하고, 친구와 놀지도 못 하게 하면서, 자기들은 드러누워 휴대전화를 들여다보며 히죽이는 것이다.

아이는 그때 세상에서 제일 사랑하는 부모에게조차

23 한국민족문화대백과.

외면당한 고독의 시간을 혼자 보내야 한다.

다양성과 다채로움

메타키즈는 지금도 우리 부모 세대가 경험하지 못했던 환경에서 살고 있고, 앞으로도 경험하지 못할 세상에서 살게 될 것이다.

예를 들면 우리 아이들은 단일민족 국가에서 다문화 사회로 변화하는 추세에 따라 다양성을 존중하고 다채로움의 조화에 대해 이해하거나 때로는 변화를 강요받을 수도 있다. 이때 무조건 거부하는 것보다는 변화를 이해할 수 있어야 한다. 또 분위기에 휩쓸려 무조건 동조하는 것보다 스스로 판단하여 선별할 수 있는 능력이 필요하다. 다양성을 이해한다면 변화될 사회에서 편견 없이 협업하고 공정하게 과업을 해결할 수 있다.

미래 사회가 인종, 종교, 성별에 따른 차별과 구분을 지금처럼 극도로 혐오할 것인지, 아니면 지금과 같은 피씨즘(PCism)이 도태되고, 예상하지 못한 분쟁이나 현지화(glocalization)의 여파로 오히려 인종이나 문화적 특성을 더 강조하게 될 것인지는 알 수 없다.[24] 그러나 확실한 것은 인종, 종교, 문화, 성별 등 '나'와 다름에 대해 사회적 편견을 가지고 있거나 다양성을 존중하지 않는 태도로는

미국 상점에 파는 피부색 크레용(ⓒ 애셋요한)

'미래 사회 환경, 즉 네트워크 중심의 초연결, 과업 중심의 프로젝트형 융합 업무, 국경과 언어를 초월한 사회통합시스템에서 살아남을 수 없다'는 것이다.

그리고 우리가 언제나 차별을 받거나 반대로 의도치 않게 차별을 할 수 있는 위치에 있을 수 있다는 점을 인식하고 아이와 공감대를 형성하는 것이 중요하다.

24 피씨즘(PCism)은 '정치적 올바름(Political Correctness)'을 의미하는데, 특정 집단이나 개인이 차별이나 편견을 경험하지 않도록 사회적으로 용인될 수 있는 표현과 행동을 지향하는 개념이다. 현지화(glocalization)는 세계적인 상품, 서비스가 현지 문화 등에 맞춰 고객을 확대하는 현지 특화 전략이다. 이슬람 지역의 맥도날드에서 돼지고기를 사용하지 않거나 인도 맥도날드에서 소고기를 사용하지 않는 등의 사례가 있다.

　부모에게는 말과 행동을 통해서 다양성에 대해 열린 태도를 보이고, 아이에게 다채로움을 경험할 기회를 제공하려는 노력이 필요하다. 한편으로는 스스로 판단할 수 있는 시기가 올 때까지 아이를 무분별한 노출에서 보호해야 한다. 그 자세한 방법에 대해서는 제3장에서 설명하겠다.

6

좋아하는 것을 찾아 깊게 오래 해보는 것이
미래형 교육: 헌신(commitment)

희생이 아니라 헌신

우리는 헌신(獻身)하는 것을 때로 희생하는 것과 혼동한다. "네가 매일 야근하고 주말까지 출근해서 회사에 '헌신'하는 것을 알아주는 사람이 없는데 왜 그렇게 '희생'하냐?"라고 종종 두 개념을 섞어서 쓴다. 그리고 요즘 세대는 한 직장에서 다른 직장으로 연봉을 높여 단기간 자주 이동하는 것이 잘 살아가는 방법이지, 한 회사에 헌신하는 건 어리석다고 생각한다.

이것은 '헌신'이라는 개념을 크게 오해하는 것이다. 한 직장에서 능력을 인정받고 다른 직장으로 높은 연봉을 받아 이동하는 것은 나의 시간과 열정을 꾸준히 투자하는 '나에게 헌신', 원하는 분야에서 전문성과 경험치를 높이는 '전문 분야에 헌신'이다. 즉, 헌신은 최선을 다해 시간과 노력, 진심을 바친다는 것이고, 나의 전문 분야에 새로운 기술과 직업 환경 변화를 두려워하지 않고 받아들여 이를 다양한 환경에 적용할 수 있는 용기를 갖는 것이다.

나에게 헌신-꾸준함

부모가 자식에게 정성을 다해 매끼 밥을 차려주는 것은 자식에게 인정받기 위해서가 아니다. 인간이라면 모두가 알고 있는 사실이다. 헌신은 어떤 대가나 인정, 남과 자신의 이해관계를 생각하지 않고 자신이 옳다고 생각하는 일에 마음을 바쳐 있는 힘을 다하는 것이다. 특히, 요즘같이 '가성비'를 우선하는 시대에는 어떤 일을 시작하기도 전에 적당히, 수동적으로 임하거나 보상이나 대가, 누군가 먼저 알아주기를 기대하고 바라는 경우가 많다. 하지만 아무리 빠르게 변하는 시대라고 해도 '나'의 변화는 다이어트와 같이 꾸준함이 필요하다.

변화에는 자신의 시간과 노력, 자기희생이 필요하다. 자기를 변화시키기 위해 자신이 가진 자원을 희생하는 것은 헌신이라고 할 수 있다. 하지만 요즘, '연탄재 함부로 발로 차지 마라. 너는 누구에게 한 번이라도 뜨거운 사람이었느냐'라는 문구가 공허하리만큼, 자신을 위한 헌신조차 두려워하는 시대가 되었다.

그 두려움의 근원은 빠른 것에 익숙한 우리에게 자기 변화는 '오래 걸리기' 때문이다.

그 무엇도 꾸준함을 이길 수는 없다. 한때 영화 〈역린〉 (2014)에서 응용한 『중용』 23장[25]에는 변화를 위한 헌신의 의미가 잘 나타나 있다.

其次致曲 曲能有誠(기차치곡 곡능유성)

誠則形 形則著(성즉형 형즉저)

著則明 明則動(저즉명 명즉동)

動則變 變則化(동즉변 변즉화)

唯天下至誠 爲能化(유천하지성 위능화)

이 문구를 해석하면 다음과 같다.

작은 일에서부터 최선을 다하면 정성스럽게 된다.
정성스럽게 되면 겉에 배어 나오고, 겉에 배어 나오면
겉으로 드러나고, 겉으로 드러나면 이내 밝아지고,
밝아지면 남을 감동하게 하고, 남을 감동하게 하면

---

25 『중용(中庸)』: 공자의 손자 자사가 쓴 유교 사서(四書)의 하나.

곧 변하게 되고 변하면 세상이 알게 된다. 그러니 오직 세상에 지극히 정성을 다하는 사람만이 나와 세상을 변하게 할 수 있는 것이다.

혁신이란 작은 것을 꾸준히 정성스럽게 하는 것만이 나를 확실하게 변화시킨다고 자각하고 행동하는 것이다.

분야에 헌신-전문성

급변하는 시대에 계속 벌어지는 빈부 차이 때문일까? '사다리 걷어차기'[26] 이론처럼 사회적 추격의 가능성을 포기해 버린 세대들은 결정을 미루고, '내 주위에는 없지만 SNS에 존재'하는 성공 신화의 신기루를 동경하고 있다.

피트 데이비스(Pete Davis)는 『전념(Dedicated)』(2022)에서 하나에 전념하는 삶이 진정한 만족과 행복을 준다고 말했다. 그는 하나에 헌신하고 몰입해서 얻게 되는 의미 있는 성취는 자아 효능감과 자부심으로 이어져 현대인의 방향성 상실을 극복할 수 있다고 했다. 미래 사회는 변

---

26 장하준(2002), 『사다리 걷어차기(Kicking Away the Ladder)』, 부키 참고. 선진국이 개발도상국이나 후진국에 강요하는 제도가 과거 자신들이 성공할 수 있었던 기회를 박탈하고 있으며, 한 국가의 제도들도 계층 전환의 기회를 제한한다는 이론이다.

화와 새로움의 연속이다. 하지만 그 변화는 기존의 것을 좀 더 편하게 발전시킨 것이고, 새로운 것은 기존의 개념을 근간으로 한다. 즉, 새로운 것에 적응하려는 메타키즈의 능력은 한 분야에 헌신함으로써 획득된 전문성을 바탕으로 그 발전 과정에서 실패를 경험하고 어려움을 극복하며 실패의 두려움을 이겨낼 때 마침내 발전할 것이다.

끊임없이 새로운 것을 찾아 도전하는 것보다 기존의 목표를 확고히 하고 집중하는 것이 더 성공 가능성이 높다. 그 과정에서 원리를 이해하고 경험, 요령이 축적되어 변화에 유연하게 대처하고 능숙하게 응용한다. 수동기어로 운전을 하던 사람이 자동기어에 쉽게 적응하듯, 깊이는 새로움을 이기는 경우가 많다.

어떤 분야에서든 성공 가능성 높은 결정을 하기 위해서는 많은 것들에 새로 도전하기보다는 한 가지에 집중하는 것이 낫다. 도전에 실패하더라도 남은 것이 더 많기 때문이다.

분야에 헌신하는 것, 성실하게 임하는 것이 창의적이지 않고 변화를 거부하는 것은 아니다. 오히려 헌신은 변화와 혁신을 열린 자세로 받아들일 용기가 있어야 한다.

예를 들어, 자신이 식당을 운영한다면 요리, 접대, 청소 등 모든 것을 성실하게 혼자서 하는 게 헌신이 아니다.

오히려 진심으로 업계의 최신 동향을 이해하고 메뉴 개발, 효율적인 접대 시스템 발전에 매진하며, 나아가 자신을 복제하여 일할 수 있는 인적자원 개발에 노력하는 것이 진정한 의미의 헌신이다.

이데올로기에 헌신
-'내가 살고 싶은 세상을 선택'하는 미래

미래, 우리 아이가 살 시대에는 국가의 개념이 존재할까? 인터넷을 국경 없는 세상이라고 하지만 아직도 많은 것들이 제도와 법, 국가의 테두리 안에서 통제된다. 안보와 치안 유지, 사회 정의와 복지 실현, 경제 관리, 환경 보존 등 한 국가의 운영 철학은 개개인의 삶에 많은 부분 영향을 미친다. 개인에게는 이미 이민과 망명 등 본인 의지로 국적을 변경하던가 이중국적, 영주권 등 제도적으로 국가를 선택할 기회가 있다. 또한 국가 차원에서 국적 변경을 독려하기도 한다.

미국의 N.I.W.(National Interest Waiver)[27] 영주권 전형이

---

27 미국의 이익에 부합하는 외국인은 회사나 개인, 단체 보증 없이 비자나 영주권을 신청할 수 있는 제도이다. 일반적으로 과학, 기술 등 STEM 분야에서 우수한 경력이나 학위를 가진 사람들이 대상이다.

나 호주의 군(軍) 시민권 제도[28]같이 일부 국가에서는 인재 확보, 방위력 증진, 투자 이민을 장려하며 새로운 국민을 영입한다.

미래 사회에는 기반산업과 화폐 이동, 특허권 등의 경제적인 통제력이 현재 국가 운영 능력 범위 밖으로 벗어나고 치안 문제나 세금혜택 등 제도적 이점과 삶의 질에 따라서 국가를 선택하는 경우가 늘어날 것이다.

AI와 자동번역기로 언어 장벽이 무너지고, 이동 수단의 발전으로 공간적 제약을 극복하려는 인류의 시도는 지금까지 인간을 제약했던 이데올로기, 종교, 무력 대립 등의 갈등 요소에서 벗어나고 싶은 인간의 욕구와 함께 국가에 대해 새로운 개념을 만들 것이다. 이는 국가체제를 유지하려는 국가와 갈등(이민 제한, 조건 강화 등)을 일으킬 수도 있다. 이미 세계화 시대의 도래와 함께 글로벌 거버넌스(global governance, 초국가적 세계기구), 세계 시민민주주의 통제에 대해서는 이론이 발전되었고, 일부는 국제기구로 운영되고 있다. 그리고 미래 국가 개념인 네트워크 국가론(Network State)[29]도 대두되었다.

---

28 박소영, ""병력 필요한데 지원자 적어"…호주 외국인 입대 전격 허용", 〈중앙일보〉, 2024.06.15.

29 Balaji Srinivasan(2022), *The Network State*. 저자는 이 책에서 지리

메타키즈는 더 이상 국민국가에서 살지 않을지도 모른다. 자신이 원하는 국가관에 수렴하는 국적을 선택해서 자기가 원하는 자연, 치안, 복지 환경과 맞는 지역에서 살수도 있다. 이때 중요한 것은 그들이 원하는 이데올로기가 무엇인지 확실히 알아야 한다는 것이다. 자유주의, 민주주의, 사회주의, 시장경제, 인종, 민족, 성(性) 등 수많은 이념과 사상은 인류애를 바탕으로 한 인간 존중에 있다는 것을 명심하되, 지금과는 다른 개념의 이데올로기와 국가를 선택할 기준이 필요하다.

미래 사회에서는 다양한 가치관을 가진 사람들이 공존하므로, 부모는 자녀에게 다양한 문화와 관점을 존중하는 태도를 가르쳐야 한다. 이는 자녀가 특정 국가나 이념에 얽매이지 않고 넓은 시야를 가질 수 있도록 돕는다.

미래 사회는 정보의 홍수 속에서 살아가게 될 것이므로, 부모는 자녀가 특정 정보나 이념을 무비판적으로 수용하지 않고 주체적으로 판단할 수 있도록 비판적인 사고

적 영토보다 공통의 가치와 신념, 디지털 네트워크에 대한 헌신을 중심으로 형성되는 새로운 국가 모델을 제시했다. 이는 개인들은 국경이 아니라 이념과 목표에 동의함으로써 공동체에 참여하고 온라인 네트워크를 기반으로 정치 · 경제 · 문화 활동을 조직한다는 개념이다.

능력을 키워주어야 한다.

미래 사회의 '국가'는 특정 이념을 공유하는 네트워크 형태가 될 가능성이 높다. 따라서 자녀에게 자신이 속한 공동체 활동에 능동적으로 참여하고 책임을 다하는 태도를 길러주는 것이 중요하다.

7

미래에도 결국 결정은 사람이 한다
: Chief Level 역량(Chief Level abilities)

미래에도 결정은 사람이 할 것

Chief Level(결정권자 수준)은 회사의 최고경영자를 지칭하는 용어로, 분야의 최고 책임자이며 업무를 총괄하는 임원진이다.[30]

미래 기술 발전과 AI의 발달로 많은 직업이 없어지고 생겨나겠지만, 마지막까지 인간에게 남아 있을 역할은 결정하고 책임지는 것이다. 법적으로, 윤리적으로, 때로는 의료나 군사 행위같이 인간의 생사(生死)를 결정하는 중대

---

30 CEO(최고 경영자, Chief Executive Officer), CFO(최고 재무 책임자, Chief Financial Officer), CHO(최고 인사 책임자, Chief Human Resources Officer) 등 분야별로 업무를 총괄하는 직책의 공통점은 결정하고, 책임을 진다는 것이다.

사항을 기계에 위임할 수는 없다. 그러므로 AI시대, 기계에 대체되지 않아야 할 인간 최후의 역할은 결정과 책임이다.

인간의 결정에 영향을 미치는 요인은 개인적 요인(성격, 경험, 감정)과 사회적 요인(가족, 동료, 문화 규범), 상황적 요인(가용시간, 정보 부족, 환경 변화)을 들 수 있다. 인간은 합리적인 의사 결정을 위해서 목표를 명확히 하고, 정보 수집과 논리적 분석을 위해 노력한다. 하지만 인간의 합리적인 의사 결정에는 한계가 있다.

허버트 사이먼(Herbert Simon)의 제한된 합리성 이론에 따르면 인간은 인지적인 한계가 있어 최적의 결정이 아니라 '충분히 만족스러운' 결정을 내리는 경향이 있다고 했다. 정보 수집과 처리 능력의 한계, 최적의 결정보다는 모두가 만족하는 방향을 선택하려는 경향 등이 영향 요소이다.

인간의 결정에 영향을 미치는 내부적인 요인으로 경험 축적에 따른 본능, 영감, 직감, 체험을 들 수 있다. 특히, 예술 분야에서는 순간의 영감(inspiration), 본능(instinct)이 결정에 영향을 끼치고, 정치적인 분야에서는 경험 축적이나 일명 지휘관의 '감(感)'이라는 직감(intuition)을 따르는 경

우도 많다. 즉, 정확하게 말할 수 없는 '느낌'으로 결정을
내리기도 하는 것이 인간이다.

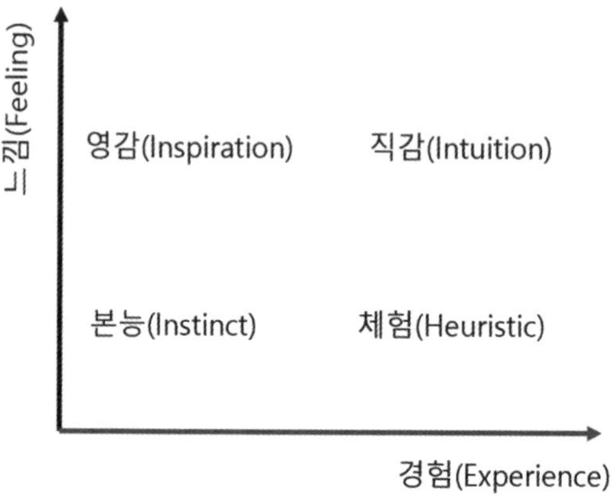

경험과 느낌에 따른 의사 결정 요소

대부분의 결정은 과정보다 결과를 통해서 평가받는
다. 하지만 같은 실수를 되풀이하지 않기 위해, 또는 성공
확률을 높이기 위한 논리적 사고체계를 유지하는 방법으
로 의사 결정 과정은 중요하다. 결정은 책임을 수반하고,
책임자에게 논리적인 의사 결정 과정이 주는 확신은 결단
의 결연함과 당위성을 위해서 필요하다.

하지만 미래에는 모든 의사 결정 과정을 들여다보기
어려워진다. 먼저, 앞에서 설명한 'AI BLACK BOX' 현상

처럼 인간은 가늠조차 할 수 없는 논리 연산 과정을 거치는 AI는 정보처리 과정을 설명하지 않는다. (설명해도 인간이 그 과정을 들여다보는 것은 불가능할 정도로 오랜 시간이 걸린다) 이러한 AI의 불친절한 의사 결정 과정 때문에, 인간은 더욱 자기 의사 결정 과정에서 당위성을 확신해야 한다.

또한 빠르게 변화하는 기술과 제도 혁신 과정에서 기존의 이론과 경험이 문제를 해결하는 데 부족하거나, 문제를 당면하기까지 시간의 압박이 심한 경우 빠르게 결정해야 한다. 이때는 오히려 그동안의 경험과 인간만이 가진 단련된 감각, 인류애를 근간으로 한 '인간적인' 결정이 필요하게 될 것이다.

인간의 결정과 책임감은 왜 더 중요해질까?

결정은 미루고 책임은 회피하는 시대이다. 결정은 언제나 어렵다. 특히 그 결정에 따라 누군가의 삶이, 안전이, 미래가 달라질 수 있다면 더욱 그렇다. 우리는 늘 선택의 기로에 서 있고, 그럴 때마다 숫자와 보고서, 통계와 매뉴얼은 우리에게 '확률적으로 가장 안전한 선택'을 강요한다. 하지만 실제는 다르다. 책상 위에서 정리된 자료와 현장에서 마주한 진실은 다르기 때문이다.

대부분의 기업이 신제품 출시를 결정할 때 시장 조

사 보고서, 소비자 설문지, 경쟁사 분석 자료 등을 기초로 높은 성공 확률을 예상하여 투자를 하지만, 실제 성공하는 제품은 그렇게 많지 않다. 오히려 제품 출시 이전에 현장에서 소비자들이 "이런 기능은 필요 없어요.", "차라리 가격을 낮춰주세요."와 같이 솔직한 반응을 보인 것에 주목하고, 소비자의 미묘한 심리와 시장 트렌드의 급변을 직감적으로 느끼고 반응하는 것이 중요하다. 이 직감으로 불필요한 기능을 제거하고 가격 경쟁력을 확보한다면 오히려, 예상보다 더 큰 성공을 거둘 수 있다. 우리가 아는 코카콜라도 현실을 외면하고 이론과 확률에 기초하여 안전한 시도를 하였다가 치명적인 위험에 직면한 적이 있다.

이 밖에도 진로 상담 시 교사는 통상적으로 학생의 성적, 적성 검사 결과, 표준화된 심리 테스트 점수를 바탕으로 학생에게 안정적인 미래가 보장되는 학과를 추천하지만, 실제 학생의 성향과 선호 과목을 아는 교사는 무엇이 올바른 진로 선택인지 고민하게 된다.

육아의 경우도 부모는 육아 서적과 전문가의 조언을 참고하여 아이가 특정 시기에 해야 할 행동 목록(젓가락질 시작, 혼자 옷 입기 등)을 숙지하고 만약 아이가 이 시기와 목록을 따르지 않으면 발달이 늦다고 판단해 매뉴얼에 따라 강제적인 훈련과 의료 검사를 시도한다. 이는 아이의 발달 단계를 확률적으로 예측하여 획일화된 발달을 유도하려는 접근이며, 책임을 '아이'나 '질환'에 전가하려는 시도다. 하지만 대부분의 아이는 자기만의 시기가 오면 해야 할 것, 하게 될 것들을 한다. 필요한 것은 부모의 인내와 이해다.

세상은 수치만으로 정리되지 않는다. 현장에는 사람의 직감, 감정, 의지, 그리고 관계가 있다. 특히 아이를 키우는 부모라면 매일같이 "내가 아이를 위해 이 결정을 해도 될까?", "누군가 대신 정해줬으면 좋겠다."라는 마음이 들 것이다. 그러나 아이는 결국 부모의 선택을 통해 세상을 배우고, 실패와 회복의 과정을 경험하며 자란다.

인간은 기술을 통해 많은 것을 예측할 수 있게 되었지만, 행위에 대한 책임은 여전히 인간의 몫이다. 인간은 미래에도 AI가 덜어 갈 수 없는 '책임의 무게'를 짊어지고 살아갈 것이다.

하지만 현재 사회는 결정을 미루고 책임을 회피하는 분위기가 만연하다. 자신의 장래 직업, 결혼뿐만 아니라 지금의 건강한 삶을 위한 금주, 금연, 운동 등 힘든 일은 내일의 나에게 미루고 있다. 그러면서 주말에 놀러 갈 곳, 먹을 음식, 입을 옷 등도 유행과 SNS 속 다른 사람이 가고, 먹고, 입는 것들을 따라 하면서 결정을 미룬다. 그리고 AI 알고리즘이 알려주는 정보, 제안을 자신이 선택한 것이라 착각한다. 하지만 만약 그 선택이 기대 이하라면, 알고리즘이 추천했다고 자신의 책임을 회피한다. 알고리즘 제안을 선택한 우리도 잘못했다고는 할 수 없다. 알고리즘의 제안은 비록 나와 다른 이들에게 실망을 안겼지만, 조회수를 올리려고 최초에 정보를 작성한 사람의 목적은 달성했기 때문이다.

미래에는 정말 합리적인 결정이 가능할까? 다양한 사람들의 의도가 반영된 정보와 조작된 데이터를 정확하게 분석하고, 본인의 직감으로 편향된 AI를 설득하여 그것들이 결심을 보좌하게 할 수 있을까? 이것도 좋고, 저것도 좋다고 하는 AI에게 한마디만 해보자. 난 생선이 싫다고. 당신은 더 이상 당신의 생활에서 생선과 관련된 내용은 아무것도 보지 못하게 될 것이다.

AI는 선택의 폭을 좁혀 주기도 하지만 때로는 극단적으로 정보를 차단하기도 하고, 반대로 선택을 위한 고려 조건에 너무나도 많은 장점, 단점을 나열하여 인간 혼자 외로운 결정을 하게 만들기도 한다.

결국 선택은 인간이 해야 하고, 책임도 인간이 져야 한다. 그리고 책임을 지는 데는 확신과 자신감이 필요하다.

때로는 감당하기 어려울 정도의 부담감에 책임을 회피하기도 한다. 인간이라면 이런 고민은 당연하다. 문제는 인터넷 등 피상적인 인간관계를 책임지지 않는 것에 윤리적인 책임이나 부끄러움을 느끼지 않는 '대인(代人)과 피상(皮相)' 관계[31]에 이중적인 잣대를 가지는 경우가 늘고 있다는 점이다. 그렇기에 미래를 살아갈 아이에게 필요한 것은 정답을 고르는 능력이 아니라, 불확실한 상황에서도 중심을 잡고 결정할 결정권자의 자질(Chief Level)이다.

결국은 사람이다

늘어나는 인터넷 범죄, 대인관계에서는 자상하지만 인터넷 네트워크에서는 평소라면 상상도 못 할 단어와 표현을 쓰는 이중적 성격, 그리고 무사안일주의와 책임회피는 우리 사회에 큰 문제가 되고 있고, 아이들의 미래를 위해서는 반드시 변화가 필요한 부분이다. 특히, '아무것도 안 하면 아무것도 안 이루어진다'라는 말처럼, 미래에는 무사안일주의 성향이 사회와 자신이 주도해야 하는 삶에

---

31 일상에서 직접 만나는 관계를 '대인(代人, 사람을 대함)', 네트워크에서 간접적으로 접하는 관계를 '피상(皮相, 겉으로 드러나 보이는 것)'으로 정리하였다.

서 나를 도태되게 만들 것이다. 책임 회피는 알고리즘의 늪에서 개인의 선호와는 상관없이 다른 사람의 조회수를 올려 주는 삶을 살게 할 것이다.

주도적인 삶, 아니 적어도 미래에 적응해서 '잘' 살기 위해서는 '자신에게 필요한 것'과 '자신이 원하는 것'을 명확하게 구분하고, 무언가를 선택할 때는 확고한 기준이 있어야 한다. 그래야 미래의 아이는 자기 삶의 방향과 직업, 국가관을 선택하고 삶에 '헌신'할 수 있다.

인간은 무엇보다 소중한 자신의 '생명'을 자신이 선택한 가치를 위해 바치는 사상에 지배되는 존재임을 잊지 말아야 한다.

삶의 기준에 대해 우리는 이미 앞에서 불변의 인류애, 인간중심 사고와 공공선의 중요성에 대해서 언급했다. 어떤 결정에도 인간중심의 사고를 최선으로, 공공선을 기준으로 삼는다는 것을 비현실적이라고 하는 의견도 있을 것이다. 하지만 미래에 AI에게 업무를 처리하고, 정보를 수집하고, 의사 결정을 위한 대안을 제시하라고 명령할 때, 수치상의 이익을 위해 비인간적이며 '공공의 적'이 될 수 있는 명령을 하는 것이 가능해진다면 무슨 일이 벌어지겠는가. 그렇게 생각해 보면, 인간중심의 사고가 모든 이해관계의 기준이 되어야 한다는 것을 알 수 있을 것이다.

미래에는 일상에서 AI의 결정(제안)을 따르며 생활해도 큰 문제가 없고 오히려 효율적이기 때문에 스스로가 판단할 필요가 거의 없게 된다. 이 현상은 반대로 결정력을 가지고 책임을 지려는 사람에게 더 많은 기회와 관심이 몰릴 수 있음을 뜻한다. 이 기회를 잘 이용하려면 평소 의사 결정 과정에서 신중하게 사고하며 단호하게 결정하는 능력과 자신의 결정에 책임을 지는 자세를 배양해야 한다. 그리고 이후 생길 수 있는 위기를 관리할 수 있는 능력은 경험을 통해 향상되어, 자신의 결정과 책임을 완결할 수 있을 것이다. 이 능력들은 어릴 때부터 꾸준한 연습을 통해서 형성되는 인격과 성향을 통해서 발휘된다. 그러기 위해서는 메타키즈에 대한 부모의 인내심과 코칭이 꼭 필요하다.

다음 장부터는 위에서 열거한 미래 핵심역량에 대한 '현실적'이고도 의지만 있다면 누구나 '할 수 있는' 방법을 다루고자 한다.

3장
가정에서 실천하는 역량 교육법

미래, 아이가 불안한 것일까?
부모가 불안한 것일까?

공공선을 생각하는 미래 역량 키우기

홍익인간 정신 #솔선수범

인간을 널리 이롭게 한다는 우리나라의 건국 정신은 아무나 이롭게 하라는 것이 아니라 '인간'을 이롭게 하라는 것이다.

인간은 관계를 구축하기 위해 신뢰를 형성한다. 신뢰는 약속을 꾸준히 지킬 때 쌓이는데, 반대로 약속과 규칙을 지키지 않으면 신뢰가 형성되지 않고 관계를 형성할 수 없게 된다.

그런데 부모들은 학교나 유치원에서 아이들이 배워온 것이 무색하게도 아이 앞에서 간단한 규칙을 지키지 않는 경우가 있다. 심지어 평소에 지키라고 강조했으면서도 지금은 괜찮다며 작은 규칙들을 쉽게 어기기도 한다. 이때 잊어서는 안 되는 것은 이러한 부모의 표리부동, 언행 불일치가 아이들에게 엄청난 충격이 된다는 것이다.

부모가 규칙을 어기는 것을 본 아이는 너무나 괴로워서 다른 아이들이나 선생님이 이 사실을 알게 되어 혹시라도 부모님이 잘못될까(벌을 받을까) 하는 걱정에 누구에게도 말하지 못하고 속으로 삼키기도 한다. 무엇보다 부정적인 것은 아이가 규칙과 그것을 지키는 것에 대해 의구심을 품게 되고, 나아가 나의 부모님이 옳지 못한 행동을 하는 인간이라는 것에 고뇌한다는 사실이다.

'상황에 따라 다르다', '이럴 때는 해도 된다'라는 부모의 변명은 아이로 하여금 세상을 살아가는 방법에 대한 인식을 근본적으로 뒤흔든다. 우리가 흔히 이야기하는 '융통성'을 배운 아이들은 자라서 부모 행동을 답습하고 결국 온갖 이유로 사소한(?) 규칙 따위는 상황에 따라 무시해 버린다. 그리하여 결국 오늘과 같이 불신과 혐오를 팽배하게 만든다.

일관성 없는 예외의 허용과 기준 없는 잣대로는 미래 사회에서 설 자리를 잃게 된다. 모든 것이 기록되고 감시되고 또 추적이 가능한 세상에서 사소한 불법 따위가 용서될 리 없다. AI가 협업하고 모든 프로세스(과정)를 관찰하고 영향을 끼치는 환경에서 인간적인(?) 불법의 허용은 용납되지 않을 것이다. 이 모든 시작은 아이들이 태어나 최초로 인간을 접촉하는 순간부터 자아를 형성하는 시기까지 함께하는 양육자에게서 비롯된다는 점을 인지해야 한다. '지행합일'은 나와 아이, 그리고 인간을 널리 이롭게 할 초석이다.

불안감 해소 #긍정적 사고

2024년 유행하는 말 중에 '럭키 비키(Lucky Vicky)'라는 언어유희가 있다. 한 아이돌 연예인이 모든 상황을 긍정적으로 해석하는 행동에서 비롯한 밈(meme)인데, '유명한 빵집에서 오래 기다렸는데 내 앞에서 다 팔렸다. 더 기다려야 했지만 갓 구운 빵을 받아서 맛도 좋고 추운 날씨에 따뜻할 수 있었다'라는 식의 긍정적 사고를 본받자는 취지였다. 아마 현대를 살아가는 우리와 아이들 세대는 사회에 팽배한 불안감과 불신에 지쳐 이런 긍정적인 더 생각이 필요했는지도 모른다.

지금 30~50세 이전의 부모 세대 세상은 지금과 달랐다. 더 이상 힘들 수 없을 정도로 어려운 시대적 환경과 발달 과정에서도 한편으로는 더 나아질 것이라는 희망이 있었다. 하지만 지금의 부모 세대는 물질적 풍요 속에서 상대적인 빈곤을 다양한 창구를 통해서 경험하고, 일확천금의 기회 앞에서 몰락하는 것을 보기도 했다. 대한민국 역사상 아마 최장기간 전쟁 없는 시기를 보내면서도, 앞이 보이지 않는 미래에, 전쟁보다 더한 치열한 경쟁을 경험하면서 살고 있다.

그래서 세대 갈등, 젠더 갈등, 빈부 갈등 등 혐오와 비난이 난무하는 세상에서 우리는 그 어느 때보다 불안함을 느낀다. 우리의 이 불안감은 모두가 함께 믿고 의지해야 한다는 것을 알면서도 서로를 불신하게 한다. 그리고 그런 사고와 행동과 말은 아이들에게도 그대로 전달된다.

자세히 살펴보면 오히려 우리는 그 어느 세대보다 풍족하게 자랐고, 가혹하고 혹독하다는 전쟁조차 경험하지 않았는데 다른 전쟁 국가, 난민, 종교 분쟁이 있는 나라보다도 출생률이 낮다.

우리는 우리의 막연한 불안감을 우리 아이들에게 전염시키고 있는 게 아닐까? 살아보지 않은 세상을 살아온 세상 경험에 비추어 '이렇게 해야 한다'라고 단정 짓는 사람을 '꼰대'라고 한다면, 우리가 벌이는 행위는 단체로 다음 세대 전체에게 꼰대 짓을 하는 것으로 해석된다.

우리 세대는 우리 문화 특유의 부정적인 생각과 시대적 불안감에서 벗어나야 한다. 전쟁이 날지도 모른다는 불안감과 공포 분위기로 인해 모두 긴장하고 대비를 하고 있지만, 준비를 계속할수록 그만큼 전쟁이 쉽게 일어나지 않는다는 것을 우리는 지난 75년의 휴전을 통해 경험하고 있다. 세상은 그렇게 쉽게 안 망한다.

VS. 알고리즘 #알고리즘에서 해방

1998년 아시아인 최초로 노벨 경제학상을 수상한 인
도의 아마르티아 센(Amartya Sen)은 철학자, 경제학자로
'접근가능성(capability approach)' 이론이 그의 대표적 업적
이다. 그는 '사회발전을 위해서는 접근성에 대한 자유가
보장되어야 한다'라고 주장하며, 사회 기반 시설, 기술, 의
료 등 우리 사회가 제공하는 모든 것들의 접근성에 대한
자유 보장이 사회발전의 초석이라고 기술했다. 그는 접근
성의 보장을 통해서 사람들이 물질적인 발전을 이룰 뿐만
아니라, 심리적으로도 편견과 분리 등 '불평등하다'라는 생

각으로부터 자유로워질 수 있다고 했다. 그런 의미에서 30
여 년이 지난 오늘날 우리는 접근성에 대해서는 상당한 자
유를 얻었다고 볼 수 있다. 그리고 미래에는 내가 원하는
것보다 더 많은 정보와 선택의 자유를 누리게 될 것이다.

하지만 주입되는 정보는 '양날의 검'이다. 특히 정치,
경제, 사회적 목적에 의해 편향된 정보만 전달받거나, 기
호에 따라 원하는 것만 섭취하게 되는 정보의 알고리즘에
포획되면 우리와 우리 자녀는 정보 영양결핍에 피폐해지
고 말 것이다.

지금도 유튜브, 인스타그램 등 정보 공유 프로그램의
상당 부분은 소비자의 기호에 따라 맞춤 영상, 정보를 공
급한다. 정보를 공급하는 이들의 경쟁체계는 '소비자가
원하는(듣고 싶은) 말'을 해주며 자극적이고 편향된 정보와
사고를 주입하는 것이다.

전체적으로 배경을 이해하고 가볍게 재미와 유흥을
즐기기 위해서라면 얼마든지 괜찮지만, 배경지식이 없어
옳고 그름을 판단할 기준이 없는 사람이 일방적으로 공급
되는 확인되고 검증되지 않은 내용을 맹신하는 것은 위험
하다.

우리 아이들에게 조용히 하라며 무심코 던져준 휴대
전화의 동영상이 연속 재생 기능을 통해서 알고리즘을 생

성하고, 아이를 점점 중독되게 하는 것이 뇌 발달에도 큰 영향을 미친다는 사실은 이미 널리 알려져 있다.[1]

미래에는 더 상업화되고, 인간의 욕구를 충족시키는 더 많은 시스템과 편리성에 기초한 기능이 추가될 것이다. 우리 아이들은 원하지 않는 것에 노출될 뿐만 아니라 원하는 것 이상의 정보에 노출될 것이다.

지금도 우리는 식당이나 공공장소에서 부모들이 스마트폰이나 태블릿 PC로 어린아이에게 동영상을 무한 재생시켜 보여주는 것을 어렵지 않게 접한다. 물론, 아이가 보채거나 안 울게 해 잠시나마 여유로운 휴식을 즐기기 위한 처사라고 이해할 수 있다. 하지만 이런 현상이 계속되면 아이의 인내력은 낮아지고, 유년기에 본인의 취향에만 맞춘 게임 방송이나 본인이 구독하는 채널만 보는 경향이 심해져서 일반 언론, 사회평론 등 정보매체에 대한 접근성이 상당히 위축된다.

이런 현상이 성장기에도 영향을 미치면, 사회적인 뉴스를 접하는 통로가 본인이 선호하는 채널로 고정되거나 단편적인 지식만을 전달받아 정치, 사회를 바라보는 시선이 상당히 편향될 수 있다. 극우 아니면 극좌로 양극화될

---

1   이지안, "美 13개주, 틱톡제소 "청소년 정신건강 해쳐"", 〈세계일보〉, 2024.10.15.

수도 있는 것이다.

'공공선'의 개념은 사회를 바라보는 편향된 시선과 이해에 균형을 잡을 수 있도록 한다. 부모로서 알고리즘의 마수(魔手)에서 자녀를 벗어나게 하려면 먼저 정보 습득에 편향되지 않도록 그 방법을 알려줘야 한다. 가정에서 할 수 있는 첫 번째는 부모가 젠더, 세대, 계층, 국가, 인종 등 정치색에 물들지 않도록 균형 잡힌 시각을 가지는 것이다. 물론 개인적으로는 기호가 있고, 관점이 있겠지만 아이들에게는 표현을 자제해야 한다. 어릴 때부터 정치색, 지방색이 드러나는 편견을 아이들에게 보이면 아이들은 영향을 받을 것이고, 우리가 생각하는 갈등과 혐오가 가득한 현재 상황이 지속될 것이다.

일방적인 'PC주의(Political Correctness)'를 표방하는 게 현재 미국에서 많은 사회적 물의를 일으키는 것같이, 부모는 사회의 극단적인 변화와 사상의 주입에서 아이들이 벗어날 수 있도록 환경을 조성해 주어야 한다. 이것은 뒷장의 비판력 향상을 위해 실행하는 방법에 선행되어야 할 과제이다. 즉, 공공선의 시각에서 알고리즘을 극복하는 방법은 '내가 원하는 것'이 정도를 넘어 극단으로 치우치고 그러한 의견이 단체로 사회에 영향력을 발휘하는 것을 가정했을 때, 그 영향이 '정의로운가', '합리적인가'를 우선

판단하는 것이다.

집에서 부모로서 자식에게 전달하는 정보가 '나만의 의견'일지라도, 내 자녀가 사회에 진출하여 부모에게 들은 이야기로 타인에게 불쾌감을 주지는 않을지, 사회의 정의에 부합되는 이야기로 타인에게 인정받을 수 있을지 생각해야 한다.

작은 규칙을 지켜 '솔선수범'하고, 편견과 편향 없이 합리적인 내용을 전달하는 부모의 모습은 메타키즈의 미래 삶을 위한 기초가 된다.

부모의 실천 가이드

"왜 이 영상이 이어서 나올까?" 알고리즘 분석하기

유튜브, 틱톡 등을 함께 보며 "왜 이 영상이 이어져 계속 나올까?", "이게 진짜 맞는 정보일까?"를 고민해 보기
(예시) 자주 보는 영상과 영상 보는 습관을 '공동 분석 시간'으로 전환하여 알고리즘 이해
→ 비판적 사고+정보 해독력
→ 아이가 자기 기호의 갇힘에서 벗어나는 힘 기르기

하루 평균 48분의 마주침, 그 시간조차 대화가 없는 가족

상호 소통 능력(communication skill)

듣는 연습

누군가 대화를 잘하는 능력은 곧 잘 들어주는 능력이라고 했다. 누군가의 이야기를 잘 듣는 것은 소통의 시작이자 상대방의 의도와 목적을 이해하고, 앞으로 소통의 방향성을 정리하기 위해 중요하다.

특히, 상대방과 대화하는 목적이 감정 전달이라면 인간의 특성상 감정을 표현하며 해소되는 과정을 겪게 되므로 소통의 당사자로서 먼저 들어주는 능력을 키워야 한다.

아이도 들어주는 상대가 있으면 표현력이 늘어나고 상대의 반응에 교감하면서 대응하는, 소통을 지속하는 기술을 습득하게 된다. 아이가 아무리 허무맹랑한 이야기를 하더라도 부모가 그저 들어주는 게 아니라 적절히 반응을 해주면 어느 순간 아이는 화자에서 청자로서 상대의 반응을 확인하고자 이야기를 멈춘다(아이가 멈추지 않는다고 하더라도 일정 시간은 참고 들어주어야 한다).

이때 부모는 가슴속에서 아이의 입을 멈추게 하고 싶은 욕구가 샘솟거나 이야기에 틀린 부분, 논리적으로 맞지 않는 부분에 대해서 수정하거나 조언을 해주고 싶어도 일단 적절한 개입 시간을 찾기 전까지는 이야기를 들어주어야 한다. 그리고 아이가 대화를 통해서 흥미를 갖고 주제를 이어 나갈 수 있도록 호응의 반응 시간을 조정하는 것도 중요하다.

<u>부모의 실천 가이드</u>

"그럴 수도 있겠구나" 공감하기

아이에게 질문하거나, 아이가 말을 걸었을 때,
끊지 않고 끝까지 경청하는 자세와 노력
(예시) 아이에게 친한 친구를 묻고, 그 친구에 대한 설명을
　　　　'평가 없이' 진중하게 끝까지 듣고 칭찬하기
→ 공감+경청을 통한 상호 존중과 소통 방법 이해
→ 소통을 위한 대화의 자세와 노력이 필요함을 학습

'말' 참는 연습

말을 잘 들어주는 것만큼, 아이가 말을 참고 듣는 능력을 키우도록 돕는 것도 중요하다. 형제 또는 자매가 있다면 순서를 정해서 한 명씩 대화가 끝날 때까지 기다리게 하고 형제, 자매가 없다면 부모님의 대화 중간에 끼어들지 않고 기다리는 연습을 해야 한다. 그리고 대화를 들은 뒤에 어떤 내용인지 물어서 확인하거나 그 대화 내용을 요약하도록 해서 소통하는 자세의 기본을 갖춰 주어야 한다. 어른들은 화가 나면 주변에 자녀가 있는 것을 상관하지 않고 목소리를 높이거나 심한 경우, 욕설까지 한다. 육아 프로그램에서는 이를 '아동학대'라고 하지만 소통의 기술 측면에서는 반칙 또는 또 다른 변칙 방법을 학습시키는 것이다. 이는 결국 아이들의 소통 방법 학습에 큰 장애물로 작용한다. 최악의 경우는 아이들이 이러한 반칙을 답습하여 소통에 실패하게 되는 것이다.

이것은 미래 사회에는 치명적인 결과를 초래한다. 만약 미래 사회에 이런 식으로 대화 중간에 화를 내거나 심한 경우 욕설을 내뱉는다면 AI는 이를 용납하지 않고 법적인 책임을 물을 것이다.[2] 부모는 소통 과정에서 화를 다

---

2 지금도 KT '통화 매니저', LG유플러스 'AI비즈콜' 등 콜센터 서비스에서 'AI 욕설 감지+경고+종료 시스템'을 적용하고 있고, 자동 녹취 내용

루는 것을 연습해야 하고, 적어도 아이 앞에서는 표현하
지 않도록 노력해야 한다(나도 현실을 이해하기에 서로 최대한
노력해야 한다고 표현했다).

'화' 다루는 연습

첫아이의 훈육에 비교적 엄했던 나는 아이가 화를 내
면 도리어 내가 더 화를 내서 꾸짖거나, 다른 곳에 격리
하는 극단적인 방법을 썼다. 전문가에 따르면 내 행동은
최악의 부모 행동 두 가지에 모두 해당한다. 전문가들의
'공감하기-기다리기-대안 찾기'[3] 방법 중에 남녀 세 아
이와 성인이 된 대학생까지 경험한 내가 개인적으로 효
과적이라 생각한 방법은 곁에 머무르다가 '잘' 들어주는
것이었다. 무엇보다 화를 다루는 기술을 위해서 내가 화
냈을 때 모습과 행동, 당시에 내뱉은 말이 얼마나 어른스
럽지 못했는지 항상 되새겨야 한다. 즉각적인 잘못의 교
정 외에 장시간의 꾸짖음은 오히려 아이의 자존심을 자
극하여 부작용이 생길 수 있으므로 '말하기 적절한 시간'

은 법적 증거 자료로 쓰이고 있다.(선재관, "KT, AI로 공무원·고객센터
직원 보호 강화… "폭언 감지 시 통화 자동 종료"", 〈이코노믹 데일리〉,
2025.03.09.

3   〈차이 플레이〉, "짜증 내는 우리 아이를 위한 '화 다스리기' 감정코칭",
     https://www.chaisplay.com

을 선택하는 것이 중요하다. 우리 아이들의 경우는 잘못을 저지른 것을 안 상황과 자신에 대한 화가 지나가고 이후 다른 대안을 찾아 노는 시간이 끝났을 때가 가장 적절했다.

대화 시간이 너무 늦으면 아이는 오히려 짜증을 내고, 너무 이르면 자기를 변명하거나 또 다른 화로 부작용이 일어났다. 유의해야 하는 점은 화를 표현하는 아이들의 방법이 부모 가운데 누군가를 답습했다는 것이다.

대부분 아이에게 처음 화를 푸는 방법은 우는 것이다. 하지만 자라면서 부모가 화를 내며 하는 말(때로는 욕설), 행동 등을 답습하고, 똑같이 행동한다. 전문적인 용어로 '세대 간 전이(intergenerational effect)'라고 하는데, 이 연구에 따르면 자신의 부모로부터 받은 양육 방식은 자녀에게도 영향을 미친다. 부모 세대가 어린 시절 부당한 대우를 당하거나 학대를 받은 경우, 그 경험이 자기 자녀를 돌보는 방식과 부모로서의 정서적 · 행동적 반응에 영향을 주어 부정적 양육 스타일을 반복할 위험성이 높아진다고 한다.[4] 아이가 비단 미래 사회에 성공적으로

4　Greene(2020), 「Intergenerational effects of childhood maltreatment」, 조민해(2019), 「아동학대가 한국 청소년의 비행에 미치는 영향」 외 다수.

적응하는 것뿐만 아니라 기본적인 인격을 갖고 조화로운 인생을 살기 위해서도 부모는 적절하게 화내는 방법을 보여주어야 한다.

듣고 싶어 하는 말하기

메타키즈들의 소통은 정보 획득과 의사 전달이 중점이 될 것이다. 인간관계를 위한 사소한 대화는 극히 드문 기회를 통해서 가능할 것이다. 이때 개인의 부정적인 감정이나 불평, 불만 등 타인의 감정을 상하게 하는 말과 행동은 시간, 비용, 관계 모든 것을 잃는 결과를 초래할 것이다.

COVID 시대 경험을 비추어 본다면 미래에 사람을 직접 만나는 게 얼마나 소중한지 알 수 있다. 아이들의 대화법을 위해서 부모는 상대방이 듣고 싶은 말을 하는 법을 알려줘야 한다. 놀랍게도 인간은 대부분 대화를 몇 번 나누면, 상대방이 듣고 싶어 하는 이야기가 무엇인지 안다.

미국, 스위스, 프랑스 등 서양 문화권의 사람들과 조금만 대화를 나누어 보면 대한민국 사람들이 얼마나 칭찬에 인색한지, '짧은 담소(small talk)'에 얼마나 약한지 느끼게 된다.

'칭찬은 고래도 춤추게 한다'라는 말을 무색하게 할

정도로 한국 사람들은 칭찬, 또는 상대방이 듣고 싶은 말에 인색하다. 간혹 칭찬을 듣는 사람은 이 칭찬이 '예의상' 했다는 것을 안다. 오히려 '사회생활을 잘~한다', '아첨형 인간'이라고 상대방의 기분에 맞춰주는 대화를 하는 사람을 비꼬는 경향도 있다. 그리고 때로는 상대방의 외모, 태도, 사생활에 대한 부분도 다른 사람들 앞에서 우스갯소리로 하고는 한다. 모두가 다 아는 지적 사항도 굳이 드러내어 이야기하기도 한다.

사람들은 대화를 통해서 정서적 위안과 인정의 욕구를 얻고자 하지, 기분이 상하거나 사실적시(일명 팩트(fact) 폭행)를 원하지 않는다. 결국 상대의 기분을 망치는 말은 시위를 떠난 독화살과 같고 부메랑이 되어 돌아온다.

집, 학교, 회사에서 우리는 대화를 시작할 수많은 기회에 노출된다. 그리고 그 대화가 시작되는 상황은 다양하다. 아침 인사, 업무 회의, 개인 휴식 시간의 담소, 잘못한 사항을 지적해야 할 때도 우리는 대화한다. 대화의 상대가 대화하기 거북하고 꺼려진다면 그것은 또 다른 스트레스고 나를 갉아 먹는 부분이 된다. 특히, 주의해야 할 것은 대화가 3자에게 노출되는 경우이다. 자녀가 다른 자녀와 있을 때, 학교에서 선생님이 다른 학우들 앞에서, 회사에서 다른 조직원들이 보고 있을 때, 공개적으로 지적당하는 것만큼 자존감에 상처를 주고, 사회적인 위축을 유발하는 상황도 없다.

마음에 들지 않는 상황에서 대화해야 할 때 필요한 것은 넓은 아량과 느긋한 기다림, 세심한 배려다. 무엇보다 매일 아침 얼굴을 마주하고 같이 사는 부모가 곁에 가기 싫은 두려운 사람이 된다는 것은 부모에게도 끔찍하다. 아이도 치부를 덮고 '별일 없다'라며 대화를 외면할 것이다.

학교 친구, 회사의 동료보다 가족은 떨어질 수 없는 끈끈한 혈연으로 맺어진 관계다. 자녀는 본인들이 의지와 무관하게 태어나서 선택권 없이 부모를 만나 험한 세상을 살아가고 있다. 자녀가 성장해서 독립하기까지 29.8년[5] 중에 제대로 얼굴을 마주하는 시간은 하루 평균 48분 정도다.[6]

OECD 국가 중 최장 시간을 가족과 함께하는 호주의 5시간보다 현저히 적다. 48분은 TV, 휴대전화를 보며 같은 공간에 있는 시간을 포함한 수치다. 이 통계가 평균 시

---

5   강석영, "보호 종료 청년들 떠밀린 홀로서기 돕는 '희망스케치'", 〈제주매일〉, 2023.05.24.

6   이지혜, "부모와 '하루 평균 48분' 보내는 아이들… '나쁜 엄빠' 만드는 K-직장", 〈카톨릭인터넷 굿뉴스〉, 2024.10.23.

간임을 고려하면 자녀의 성장에 따라 학원 시간, 휴대전화 사용 시간이 늘수록 함께하는 시간은 더 적어진다.

부모는 그 짧은 시간에도 아이가 부모와 대화하는 것을 꺼리게 만든다. 자녀의 잘못된 점을 지적만 하는 데 낭비하기에는 너무나 아까운 시간이다.

만약 정말 훈육과 교정이 필요하다면 부모는 평소에 주어진 시간 외에 추가로 진중하고 조용히 이야기할 시간을 만들어야 한다. 아니면 짧고 간결하게 논리적으로 알려줘야 한다. 얼굴을 마주하고 좋은 소리만 하기에도 짧은 시간. 내내 귀에 피가 나도록 듣기 싫은 이야기를 하는 것은 부모와 자녀 관계를 망치고 서로를 외면하게 만드는 잘못된 행위이다. 후회만 남을 일이다.

하고 싶은 말 가리기

무조건 칭찬만 하는 것이 능사는 아니다. 칭찬과 응원은 대화를 시작하고 마무리하는 수단이자 다른 대화를 위한 윤활제의 역할을 하는 것이지, 대부분의 대화는 정보를 축적하고 관계를 형성하기 위해 진행된다. 더 많은 정보를 습득하기 위해서는 상대방이 더 많은 정보를 제공하도록 달래거나 다그쳐야 하는데, 관계 형성이라는 장기적 목표를 위해서는 원만한 관계를 유지하는 것이 유리하다. 자녀와의 대화도 '본질'은 다르지 않다.

흔히 자녀와 대화할 때, 부모가 나이, 경험, 사회적 지위에서 우위를 차지한다는 망상에 사로잡히고는 하는데 정보가 필요한 쪽은 '나'지 자녀가 아니다.

즉, 아이가 어떤 생각을 하고, 요즘에는 누구와 친하고, 뭘 하고 노는지 알고 싶고, 자녀와 예전처럼(?) 좀 더 친밀한 관계를 형성하고 싶은 것은 나이지 자녀가 아니다. 오히려 자녀들은 시간이 지날수록 생겨나는 고민거리와 공통된 관심사를 또래 친구들이나 인터넷상의 커뮤니티 등에 공유하고 싶어 한다.

상담 경험 중 신기하게 부모, 특히 아버지와 거의 매일 통화를 하는 학생이 있었다. 삼촌과도 종종 통화를 한다고는 하였지만 주로 저녁 때 아버지와 짧게라도 매일 통화를 한다고 했다. 그가 아버지와 나누는 주제와 대화법이 궁금해서 물어본 적이 있다.

"아버지와는 어렸을 때부터 친구처럼 지냈던 것도 있고, 아버지와는 어떤 이야기도 나눌 수 있어요. 제가 필요할 땐 조언을 해 주시고, 응원이 필요할 때는 응원을, 위로가 필요할 때는 위로를 해 주셔서 대화하고 나면 기분이 좋아요."

너무나 당연한 이야기였지만 한편으로 나와 아버지의 대화, 내가 자녀와 나누는 대화 내용을 유심히 돌아보았다. 금방 차이점을 알 수 있었는데, 나는 부모라는 상대적 우위와 조언이라는 명분 아래 '갑질'을 하고 있었고, 결국 아이가 내 전화를 피하게 만들고 있었다. 그래서 만들어진 결과는 "아버지가 쓸데없이 걱정하실 것 같아 이야기하지 않았다."라는 변명과 소통의 회피였다. 서로 하고 싶은 말만 하니 소통이 제한되는 것이다.

메타키즈는 소통이 삶의 무기이고 소통 방법이 전술이다. 무기는 사용법을 잘 알고 적재적소(適材適所)에 써야 한다. 전술의 기본은 제한된 자원을 '절약하고 집중하는 것'이다. 부모는 집에서 소통이라는 무기가 사용법에 따라 '약' 또는 '독'이 될 수 있다는 것을 알려주어야 한다. 무기는 나를 지키는 수단이지만 자칫 잘못 사용하면 나와 다른 이를 해할 수 있기 때문에 사용에 신중해야 한다.

소통의 전술인 절약과 집중은 '필요 없는 말', '안 해도 되는데 하고 싶은 말'은 절약하고 '상대방이 듣고 싶은 말'과 '정제(精製)된 전달'로 상대로 하여금 대화를 유지해나가고 싶게 만드는 것이다. 대화할 때마다 내가 하는 이야기를 가만히 듣게 하는 것은 소통도 대화도 아니다. 특히 좋지 않은 경험이 축적되어(아버지나 어머니의 영향으로) 특정 세대, 이성(異性), 사회적 다양성에 대한 편견을 갖도록 하는 주입식 대화 방법은 미래의 무기인 소통을 회피

하게 하거나 전술적 지식을 박탈하여 주도적 소통을 못
하게 되는 장애물로 작용한다.

대화의 목적 잊지 않기

사춘기 엄마의 잔소리, 학생 시절 교장선생님의 훈화
말씀, 군대 외박 전 행정보급관의 정신교육은 정말 좋은
말이지만 듣기 싫다. 항상 "경거망동 말고 건전하게 행동
하라."는 내용이었고 가끔 '나 때는 말이야'라고 시작되는
얘기. 얘기 중에 누구 하나가 졸면 꼬투리를 잡아서 다른
이야기로 이어지며 산으로 가 늦게 끝나기 일쑤였다. 하
지만 그걸 알면서도 정작 내가 조교로 수업할 때는 같은
실수를 반복했다.

그런데 화자로서 변환점이 찾아온 것은 교수로서 철
학을 강의할 때였다. 몇 번의 강의 평가와 학생들의 반응
을 보며 완급을 조절할 수 있는 경험이 쌓였다. 학생들의
수업 전 있었던 일, 요즘 관심사 등 주변 환경도 고려하
게 되었고, 버릴 것은 과감히 버리고 때로는 다른 것에 시
간을 할애하되 핵심을 전달하는 것이 가장 중요하다는 걸
깨달았다.

욕심을 버리니 수업이 훨씬 여유롭고 학생들의 집중
도와 참여도가 높아졌다. 이 경험은 수업 목표를 '조는 사

람 없이 30분 내 핵심 이론 전달 완료'로 정하게 하였으며, 강의 말고 다른 세미나나 발표에서도 이 목표를 몇 년간 유지했다.

소통할 때는 '목적'을 잃지 않아야 대화의 방향을 이끌어 가고, 시간과 노력을 절약할 수 있다. 무엇보다 미래에는 맞춤형 정보를 제공하기 위해 다양한 환경에서 수많은 개인과 조직들이 돈 되는 개인정보를 획득하려 대화의 본질을 흐리거나 상황을 왜곡, 과장하면서 표면과는 다른 목적을 달성하고자 하는 경우가 많아질 것이다. 우리는 부작용은 피하면서도 소통을 통해 상대방에 대한 많은 정보를 획득할 수 있어야 한다.

부모와 자식 간의 대화도 부모가 간결하게 얘기하되 핵심을 놓치지 않도록 유도해야 한다. 아이들이 부모에게 말을 걸었을 때, 참지 못하고 말을 끊거나, 중간에 다른 화두로 지적하면서 아이가 소통에 주저하도록 만들어서는 안 된다. 반대로 아이가 대화에서 핵심을 전달하지 못한다면 대화를 마무리 지을 수 있도록 유도해야 한다. 소통을 위해 아이가 던진 화두를 끊어서도 안 된다. 예를 들어, 아이가 "오늘 ○○이랑 학교 쉬는 시간에 게임에 대해서…."라고 이야기를 꺼낼 때, "학교에서 쉬는 시간에 책 읽어야지 게임 이야기나 해? 개 엄마도 아니?" 이런 식의 진행은 아이가 이야기하고 싶은 대화의 주제조차 언급 못하게 하는 전형적인 실수이자, 아이가 부모와의 대화를 피하게 되는 최악의 소통 방법이다.

아이의 대화 목적이 무엇인지 파악을 하는 것이 우선이고, 그 뒤에 교정, 유도를 통해서 대화를 이끌어 가야 한다. 아이들이 놀았던 시간을 이야기한다는 것은 즐거운 시간을 공유하고 싶다는 것이기 때문에 어린 시절 자상한 할머니의 반응처럼 "요즘 애들은 그러고 노는구나."라는 정도로 이해하고 넘어가면 된다.

다음으로 아이들이 할 일은 소통을 위한 문장과 내용을 다듬는 연습이다. 가장 훌륭한 방법으로 전문가들은 그림일기를 권장한다.[7] 그림일기는 어린이만이 아니라 성인~노인에게도 장려되는데, 기술 발전과 더불어 가시화와 청사진의 구체화, 논리적이고 함축적인 표현, 이미지와 상세 설명 조합 등 기술적인 측면뿐 아니라 자아 존중, 인지기능 향상, 우울증 방지 등에도 효과가 있다. 육아 측면에서는 아이들이 무엇을 했고 어디를 방문했는지 기록

7 　민가혜 등(2023), 「그림일기를 통한 언어활동이 유아의 그리기 표상능력, 언어능력, 자아 존중감에 미치는 영향」, 『어린이미디어연구』 22권; 이경은 (2019), 「노인에서 인지기능, 우울 및 자아존중감에 대한 그림일기의 효과」, 전북대학교 석사학위 논문.

도 남길 수 있어 부모와 함께하는 추억 쌓기 활동이 될 수
있다.

**아이의 소통 능력을 키우는
가장 단순하고 강력한 도구, 그림일기**

감정 표현의 창구, "오늘의 기분 색으로 하늘을 칠하자."
→ 아이의 내면 감정, 설명하기 어려운 마음 표현

자기반성과 문제해결력의 기반
→ 상황의 재구성, 실수 복기를 통한 성찰, 이해도 증가

자율성과 창의성 성장
→ 정해진 시간에 스스로 작성, 형식 없이 다양한 표현

만화처럼 말풍선 그리기, 여러 가지 도구로 칠하기
→ 정답 없는 글쓰기를 통해 자기결정력 향상

창의력 키운다고 듣기만 하다간
부모 울화통 터진다
질문 잘하는 아이로 키우기

질문을 잘하는 아이로 키우기 위한 노력

좋은 질문을 잘하는 아이로 키우기 위해서 부모는 아이와 대화하기 전에 먼저 심호흡을 두 번 정도 해야 한다. 회사 상사의 아이가 사무실에 놀러 와서 2시간 정도 돌봐야 하는 마음가짐이나 결혼 전 연인의 조카를 어쩔 수 없이 2시간 정도 돌봐야 할 때의 각오가 필요하다.

그럼에도 꼭 부모가 제일 바쁜 시간에 아이는 뜬금없이 풀리지 않는 가정(if)의 연결고리를 물고 또 이어 가거나, 황당무계한 설정으로 끊이지 않는 스토리의 블랙홀에 빠져들어 부모의 처음 마음가짐이 무색할 정도로 부모를 지치게 만든다. 그리고 꼭 숙제할 때 다른 주제로 질문하는 아이를 보면서 부모는 어렵거나 싫은 상황을 회피하기 위해서 질문한다고 생각하여 아이에게 '쓸데없는 거 묻지 말고 문제나 풀어'라고 무시하기도 한다.

나는 이 글에서 모든 현실을 감안하고 맹목적으로 아이의 질문에 언제나 친절하게 답변하라 강요하지는 않을 것이다. 나도 세 아이의 눈치 없는 상황판단과 경쟁적인 질문 세례를 받아보지 않은 것이 아니고 성심성의껏 응대하려다 실패한 경우가 한두 번이 아니기 때문이다. 다만, 평소 주의할 것과 집중해야 할 것을 알고 최대 효과를 얻을 수 있기를 바랄 뿐이다.

질문 거절하기

아랍 속담에 '말하는 것은 은, 침묵은 금(Speech is silver, silence is golden)'이라는 말이 있다. 하지만 그것이 아예 말하지 말라는 건 아닐 것이다. 말하지 않는다는 것은 대화 상대가 있을 때, 말을 끊지 않고 상대방의 말을 끝까지 들으며, 몸짓과 억양에 집중하여 신중하게 대응하기 위해 준비를 하라는 것이다.

무엇보다 아이들이 질문할 때, 질문하는 도중 말을 끊거나 질문한 내용에 대해 지나치게 강하게 비판할 경우, 아이는 '질문'이라는, 미래에 가장 필요한 창의력을 기를 수 있는 기초 능력을 발휘해 보기도 전에 주눅이 들게 된다.

질문을 잘 듣기 위해서 먼저 질문을 거절하는 방법부터 알아야 한다. '질문을 잘 듣기 위해, 질문을 거절한다'라는 게 모순처럼 여겨질 수 있겠지만, 지속 가능한 소통을 위해서는 거절을 통하여 단순히 '듣는' 행동이 아닌, 적극적인 반응과 공감을 위한 시간을 확보하는 것도 중요하다. 질문에 대응할 시간과 여건이 조성되지 않았음에도 질문을 듣고 건성으로 대답하거나 어설프게 대응하다가는 이내 짜증을 내버리는 경우가 많으므로, 이런 상황을 방지하기 위해서라도 거절의 기술을 알아야 한다. 거절을 위해서는 먼저, 상대방에게 거절당했다는 심리적인 상처를 주지 않기 위한 환경 조성이 필요하다.

예를 들어, 아이의 질문 공세가 계속될 때 "너는 정말 호기심이 많구나. 엄마가 아는 것보다 더 많이 물어봐서 답을 해주지 못해 미안해. 나중에 네가 그 질문의 답을 알게 되면 엄마에게 가르쳐줘."[8]라고 거절하면, 아이는 자신이 질문을 많이 했다는 것(사실), 귀찮아서가 아닌 엄마가 잘 몰라서(이유), 자기가 답을 찾아 엄마에게 알려줄 수 있

8　서천석(2013), 『아이와 함께 자라는 부모』, 창비.

다는 기대(동기)까지 얻는 좋은 거절이 될 수 있다. 거절은 질문을 듣고 답하는 것처럼 중요하고, 집중할 수 있는 질문을 듣기 위한 준비시간이다.[9]

질문 듣기

질문을 듣는 것은 앞 장(2장 참조)에서 언급한 소통을 위한 '듣는 연습'보다 좀 더 구체적이고 적극적인 활동이 필요하다.

아이의 질문을 들을 때는 4가지 원칙[10]을 고려해야 한다.

① 자신의 경험에 비추어서 생각하면 대화가 제한된다.

질문하기 전, 아이는 너무나도 신기하고 궁금한 경험을 하고 솟아나는 의문을 해소하지 못하여 부모에게 다가와 질문한다.

환경과 상황, 느낌 모든 것이 내가 경험한 것과는 다르다. 그럼에도 부모는 '나도 해봤다', 또는 '나도 안다,

9   Gao, N. 외(2025), *The Homework Wars: Exploring Emotions, Behaviors, and Conflicts in Parent-Child Homework Interactions*, Proc. ACM Interact. Mob. Wearable Ubiquitous Technol., Vol. 9, No. 3, Article 80.

10 장한별 등(2019), 『강사 트렌드 코리아 2019』, 지식공감에서 일부 참조.

별거 아니다' 식의 태도로 질문에 대응하고 반응할 때가 많다.

시대가 변해서 부모 시대에는 책으로, 또는 그림으로 본 것을 아이는 동영상, VR, 3D로 보거나 종이비행기 멀리 날리기에서 드론을 날리는 것으로 중력을 경험했다는 것을 잊지 말고, 상대의 입장, 바뀐 환경에 공감해야 한다.

② 판단, 평가하면서 들으면 상대방이 위축된다.

"아빠, 미국은 음식 쓰레기를 쓰레기통에 그냥 버려. 이상한 나라지?"

미국에서 아이가 음식 쓰레기를 싱크대 분쇄기에 처리하거나 일반 쓰레기와 같이 버리는 문화를 보고 질문을 했을 때였다.

1안) "음식 쓰레기는 비가연성이라, 따로 버리는 거야. 미국이 잘못됐어."

2안) "그러게, 우리나라는 유독 분리수거, 음식 쓰레기 처리가 깐깐해."

3안) "나라마다 특성이 있는 거지. 로마에서는 로마법을 따라야 해."

내가 머릿속에서 구상한 대답은 나를 만족시키지 못했고, 결국 아이에게 너는 어떻게 생각하는지 되물을 수밖에 없었다. 나의 잣대로 판단해서 어느 한 곳의 옳고 그름을 주입하거나, 쓸데없는 것을 묻는다고 아이를 타박할 수도 없었다. 오히려 이런 판단의 잣대로 고민하다 아이의 다른 질문에 집중할 수 없었고, 아이는 무엇이 옳은 것인지 묻지도 않았는데 나는 판단을 내리려고 노력하며 시간은 지나갔다.

질문을 잘 듣는다는 것은 상대방이 특별한 조언이나 결론을 원하지 않는 이상 내가 판단해서 (나만의) 답을 내지 않고 상대방의 질문을 유도하는 것이다. 이 예시에서 아이의 질문을 '잘 듣는다는 것'은 다음과 같이 질문을 유도하는 것이었다.

제안) "그러게. 미국은 음식쓰레기 처리가 우리와 다르네. 이상하다. 왜 그럴까?"

③ 대충 듣는 것은 안 듣는 것만 못하다.

(사진을 보여주며) "아빠, 이 전설의 포켓몬 알아?"

정말, 조금도 관심이 없는 질문이었다. 시간도 있었고 기력도 있었지만 아이가 눈빛을 반짝이며 내 대답에 반응하고 또 질문하면서 시간이 길어질 것을 생각하니 다소 무책임하게 순간을 모면하려고 무관심으로 일관했다. 결국 아이는 지쳐서 자리를 떠났고, 그 뒤로 다시는 나에게 포켓몬과 관련해서 묻지 않았다.

그 뒤, 업무가 바빠서 집에서도 일을 하고 있을 때 아이가 비슷한 질문을 했는데, 그때는 질문을 거절하지 못하겠다는 마음에 건성으로 대응하기 시작했고, 아이는 곧 자리를 떠났다.

시간이 지나, 부모로서 불성실한 태도였다는 생각이 마음에 남아 게임을 하는 아이에게 다가가 이것저것 물었지만, 아이는 시큰둥했고, 결국 관계 회복에 더 많은 시간과 노력이 필요했다.

관심 밖의 질문(아이에게는 중요하지만, 부모는 관심 없거나 전혀 모르는)이 쇄도할 때 '너는 지금 그거 할 때가 아니야, 숙제는 했어?'라며 대화를 끊거나 무관심하게 반응하는 것은 오히려 거절하는 것보다 못하다. 이때는 적절한 '거절하기'로 아이에게 질문에 대한 의욕이 사라지지 않도록 해야 한다.

④ 지레짐작하며 들으면 오해하게 된다.

영어 듣기 평가 시험을 볼 때, 지문과 듣는 문제에 조금이라도 집중력이 흐트러지면 어느새 나의 지식과 경험을 총동원하여 '소설'을 쓰고, 비슷한 답을 선택하게 된다. 결과는 언제나 지문과 예측이 달라 틀린다. 아이와 대화할 때도 한두 문장을 듣고는 지레짐작하여 중간에 말을 끊고 전혀 다른 이야기를 하는 경우가 있다. 이것은 아이가 성장하였을 때, 사회생활에도 영향을 줄 뿐만 아니라 미래 다양한 정보의 융합을 통한 시너지를 창조하는 활동에 치명적인 약점이 된다. 다양한 기술의 융합은 돌발상황과 예측 불가능한 결과에 대한 대응을 얼마나 유기적으로 통합, 발전시키는지가 관건인데 단편적인 경험과 지식으로 지레짐작하여 대화가 단절된다면 인내력과 사실에 기반한 대응에 미숙하게 될 것이다.

부모는 아이가 이야기하는 것을 끝까지 차분하게 듣고 사실에 기반하여, 조급한 판단으로 답을 내기보다 열린 질문으로 아이가 직접 생각하고 판단할 수 있도록 도와주어야 한다.

질문에 대답하기

아이의 질문에 대답하는 좋은 방법은 다음 질문을 할 수 있게 유도하는 것이다. 질문의 질과 양에 관련된 내용은 뒤에서 다루겠지만, 그만큼 중요한 것은 질문에 현명하게 대답하는 것이다. 현명한 대답은 소통을 지속할 수 있도록 하는 동시에 지속 가능한 대화를 마무리할 수 있도록 해준다.

"물을 끓이면 왜 연기가 나와?"

단순한 질문이지만 때와 상황, 그리고 아이의 수준에 따라 답은 다르다. 아직 과학에 대한 호기심이나 지적 수준이 낮은 아이에게 끓는점과 물의 부피를 이야기하는 것은 오히려 과학에 대한 거부감으로 발전할 수 있다.

"냄비 안이 뜨거워서 물들이 가볍게 변신해서 나가려나 보다." 정도의 가볍고 공감할 수 있는 답변으로 호기심을 유도한다면 대화는 종료되거나, 아이의 관찰 또는 다음 단계로 발전할 수 있다. 아이는 관찰을 통하여 다른 경험, 또는 원리를 알고 싶은 호기심을 발전시킬 것이고, 부모는 아이의 성향을 확인하는 시간을 확보하게 된다. 만약 과학적 호기심이 많은 아이라면 좀 더 과학적인 다른 대답을 원할 것이다. 이때 부모는 과학의 원리를 설명하거나 검색을 통해 아이의 지적 호기심을 충족시키고 다른 사례 등을 통해서 창의력과 상상력을 발전시킬 수 있다.

경험과 공감에 기초하고 감성적인 답변이 유치하거나 이성적인 판단을 저해한다고 생각해서 과도한 논리적 사고만을 강요한다면, 오히려 일정 수준의 아이에게는 정서

조절과 스트레스 관리 부분에서 역효과가 날 수 있다.[11] 그 단적인 예로, 우리나라의 과학 조기교육과 어린 나이부터 강요하는 수학공식 암기, 경시대회 과열 풍조가 어린 시절 자기가 좋아했던 분야에 흥미를 잃게 하여, 이공계 분야에 노벨상 하나 없고, 세계적인 IT 혁신기업 없는 현재를 만든 것을 들 수 있다. 경험에 기초한 상상과 감성은 새로운 혁신을 이끌고, 새로운 것을 창조하는 위대한 발걸음의 시작이 된다.

질문의 질(quality)과 양(quantity) 늘리기

질문에 대답하는 방법이 대화를 마무리하거나 생각을 발전시키기 위한 과제를 던지는 것이라면, 질문을 발전시키는 것은 사고력과 창의력 향상 훈련 과정이라 볼 수 있다. 즉, 부모로서 그리고 친구이자 선생님으로서 질문을 주고받는 과정을 통해 아이의 사고력이 향상된다. 이때는 '좋은 질문'을 하도록 '질문의 질'을 높이는 방법과 질문을 발전시켜 지속적으로 '질문의 양'을 늘리는 방법 두 가지 측면에서 접근해야 한다.

11 Romanelli(2006), *Emotional Intelligence as a Predictor of Academic and / or Social Outcomes*, p. 362.

질문의 질을 높이는 방법

좋은 질문은 의사소통을 자신이 의도하는 방향으로 이끌고, 화자 간의 입장, 생각과 감정을 명확하게 파악하여 대화시간을 단축하며, 목적을 명확하게 달성할 수 있게 한다.

좋은 질문은 상황과 맥락에 따라 포함될 사항이 다르지만 몇 가지 공통적인 특징이 있는데, 여기서는 학교, 직장 등 전문가들이 정리한 내용 중 부모와 아이에게 유용할 8가지 공통적인 특징[12]을 정리하였다.

① 목적(purpose)

질문의 의도와 목적을 벗어나지 않도록 질문해야 한다. 아이가 학교에서 어떤 친구와 제일 친한지 알고 싶다면 이름, 성격, 왜 그 친구와 친해졌는지 질문해야 한다. 만약 친구의 부모님은 어떤 일을 하고 친구는 어디에 사는지를 묻는다면, 아이도 질문의 의도에 의구심을 품고 부모가 좋아하는 답변을 하게 된다.[13]

---

12 인디드 커리어 가이드(2024), https://www.indeed.com/ what-makes-good-question.

13 S. Ronfard, C. Zambrana, M. Hermansen, 외(2018), *Question-asking in childhood: A review of the literature and cross-disciplinary perspectives*, Developmental Review, vol. 49, pp. 101-120.

② 명확함(clarity)

질문을 이해하기 위해 다시 질문하지 않도록 구체적인 사항을 명확하게 질문해야 한다.

"너무 많이 놀지 않았나?"나 "언제까지 놀 거야?" 같은 질문은 '너무', '많이'와 같은 주관적인 개념이 들어 있고, 후자는 의견을 묻는 것인지 권유가 들어 있는 것인지 명확하지 않아 다시 묻게 된다.

③ 간단함(simplicity)

좋은 질문은 간단해야 한다. 대답하기 쉽다는 것이 아니라, 한 질문에 여러 가지 주제를 포함한다면 질문 자체에 모순이 생기거나 대답이 어렵다.

"채식주의자는 동물을 사랑하기 때문에, 육식하지 않는 사람인데, 육식동물을 좋아할까?"처럼 질문 자체가 난해하다면 질문을 여러 개로 나누어 깊게 다루어야 한다.

④ 간결함(concision)

간결함은 명확함과 관련이 있다. 질문에 다른 세부 사항을 첨부하여 질문 자체를 모호하게 하는 것보다 질문하는 의도와 듣고 싶은 방향성을 중심으로 질문을 구성하는 것이다.

"방이 엉망이네, 책은 아무렇게나 어질러져 있고, 침대 이불은 아침 그대로, 옷은 벗어 놓고 방바닥에 그대로 있는데 어쩜 이럴 수 있니?" 어쩜 이렇게 살 수 있는 아이의 생존 능력을 물어보는 것인지, 혼내는 것인지, 치우라는 것인지, 무엇부터 어떻게 했으면 좋을지… 결국 이 질문은 아이를 혼란에 빠뜨린다.

"방에서 공부할 때 집중할 수 있으려면 방은 어떻게 정리되어야 할까?"라고 질문하고, 후속 질문으로 아이의 생각과 나의 의도를 구분하여 간결하게 질문한다면 질문의 목적이 명확해진다.

⑤ 개방성(open-ended nature)

좋은 질문은 '예/아니오'로 대답할 수 없고 자유로운 답변을 권장한다. 이는 질문의 확장에도 도움을 준다. 하지만 질문의 목적과 맥락, 단순한 이해와 사실 확인을 위해 폐쇄형 질문과 적절히 조합되어야 한다. 예를 들어 앞에서 언급한 친구 관계를 확인하기 위한 질문으로 다음과 같은 예를 들 수 있다.

(폐쇄형 질문) "오늘 점심시간에 누구랑 밥 먹었어?"
(개방형 질문) "그 친구랑은 어떤 이야기를 했어? 즐거웠어?"

(질문확장 유도) "그 친구가 너랑 잘 맞는 점은 뭐야?"

이렇게 아이의 친구 범위를 좁히고 질문의 목적을 달성하면서 깊이를 더하는 방식으로 질문을 구성할 수 있다.

⑥ 관련성과 타이밍(relevance and good timing)

질문은 관련된 상황이나 맥락과 연계되는 부분으로 시작되어야 질문에 깊이가 있고 화자의 집중도를 높일 수 있다. 만약 다른 주제로 변화를 원한다면 반드시 적절한 시기에 화두를 전환하거나 주제를 바꾸는 것을 알려주어야 한다.

예를 들어, 수학 시험 결과에 대해서 질문할 때, "너는 수학 시간에 뭐 했니?"라는 추상적이고 모호한 질문보다 "오늘 수학 시험에서 틀린 문제 중에 가장 헷갈렸던 건 뭐였니?"라는 '시험 결과'와 관련된 맥락과 상황이 연계된 질문이 효과적이다. 또한 시험에 대한 부담감을 줄이기 위해 화두를 전환할 때도 "지난 일이니 결과는 잊고, 다른 거에 집중해."라고 하기보다, "이제 이 얘기는 그만하고, 다른 얘기로 넘어갈까?"라고 하는 게 좋다. 여기서 "그만하고…"라는 화제 전환 신호는 듣는 이에게 화제 변화로

인한 혼란을 줄여주고 마음의 준비를 시켜 대화의 집중도
를 유지하는 데 도움이 된다.[14]

⑦ 중립성(neutrality)

질문은 편견, 편향이 없도록 구성되어야 한다. 질문
이 이미 정해진 답을 암시하거나 유도하는 단어를 포함
하면, 응답자는 무의식적으로 그 방향으로 답하려 하
는 심리적 효과가 있다. "옳다고 생각하지 않아?", "이
게 맞지?" 같은 이미 정해진 답을 제안하거나 답을 요
구하는 질문이다. 이는 주체적인 생각과 자유로운 의견
을 내는 것을 저해한다. 응답자가 질문자에게 좋은 인상
을 주려는 경향 때문에 자신의 진짜 생각보다 사회적으
로 유리한 답을 선택할 가능성이 커지는 것을 응답 편향
(response bias)과 사회적 요구 편향(social desirability bias)
이라고 한다.[15]

"오늘 학교에서 기억에 남는 일이 있었어?", "그건 네
생각에는 어땠어?"와 같이 아이가 '무엇을 말해도 괜찮다'

---

14 H. Hamdi,(2020) *A Corpus Study on Topic Shifting Discourse Macro Markers in TED Talks*, Journal Name(TED 강연 분석 논문).

15 *What is Response Bias and How Can You Avoid It?*, Qualtrics (2023). 이 연구는 다음 주소에서 볼 수 있다. https://www.qualtrics. com/experience -management /research/response-bias/

라는 메시지로 부모에게 감정을 그대로 설명할 수 있고,
자기 생각을 설명하는 과정이 포함될 수 있는 열린 질문
이 중립적이다. 좋은 질문은 질문자가 듣고 싶어 하는 결
론보다는 응답자가 정직하고 진정한 생각을 할 수 있는
중립적인 단어를 사용해야 한다.

⑧ 통찰력 요구와 참여 가능성(insight and engagement)

좋은 질문은 대화의 주제에 대해 더 깊이 생각하도록
격려하며, 통찰력 있는 답변을 유도한다. 질문자의 의도를
강요하거나, 질문 자체의 해석이 어렵지 않고, 주제에 대
해 비판적이고 다양한 가능성을 대답하도록 유도하는 질
문은 오랫동안 기억에 남고 사고력을 키우는 데 큰 도움
이 된다. 예를 들어, "너와 생각이 다른 친구가 있을 때, 그
친구를 설득하려면 어떤 말을 먼저 꺼내야 할까?"라는 질
문은 일상적이지만 어려운 상황을 통해 타인의 생각을 이
해하려는 노력과 동시에 자신의 논리를 구성하게 한다.
아이가 주도적으로 생각이 다른 사람과 어떻게 소통할지
를 고민하며 상호 관계에 대해서도 생각해 볼 기회를 줄
수 있다.

위 8가지 특성을 고려하여 질문을 구성하였다면, 질문하는 방법 숙달을 통해 질문의 질을 높일 수 있다. 질문을 시작할 때는 아이가 좋은 기분으로 참여할 수 있도록 구체적인 칭찬, 격려를 통해 긍정적으로 시작하고 개방형과 적절한 '예/아니오' 폐쇄형 질문 조합으로 주제를 좁히면서 대화량을 조정해야 한다. 특히, 아이의 수준에 맞는 어휘와 문장을 사용하고, 이해 정도를 확인하면서 집중도를 높이며 후속 질문을 유지하여 질문을 확장(질문의 양을 늘리는 것)해 나가는 것이 중요하다.

질문의 양을 늘리는 방법

질문의 양은 단순히 많은 질문을 하는 것이 아니라 주제와 관련된 부분을 다양한 측면에서 생각하며 사고를 확장하고 발화 능력이 향상되는 것을 의미한다.

질문확장의 대표적인 예는 유대인의 '하브루타' 공부법이다.

LLM 기반 생성형 AI[16] 확대로, 유대인들의 대표적인 문답 형식 공부법 '하브루타'를 AI의 특성에 맞춰 적용한

---

16 LLM(대규모 언어 모델)은 ChatGPT로 대표되는 수십억 개의 파라미터를 가진 인공지능 모델로, 사용자의 자연어 입력에 대해 텍스트 생성, 번역, 요약, 질의응답 등 다양한 생성형 AI 서비스를 제공한다.

다면 미래에 매우 유용한 소통 방법이 될 것이다. 하브루타에서 숙달하는 질문 확장과 연속의 논리를 적용하면 다음과 같다.

먼저 질문을 확장하는 방법은 내용 확인-추론(가정)하기-적용하기-종합하기의 4단계로 구성된다.

4단계 안에서 상대방이 사실을 정확하게 인지하였는지, 표현을 정확하게 하는지를 확인하면서 공감 능력을 향상할 수 있다. 창의력은 위 과정을 거치면서 자연스럽게 발달하는데, 구체적인 표현과 자신만의 상상을 통해 유창성, 융통성, 독창성, 정교성 등의 능력이 창의력 발달에 밑바탕이 된다.[17]

질문 확장 단계를 빅토르 위고의 『장발장』에서 장발장이 빵을 훔친 것을 예로 들어 단계별로 적용하면 다음과 같다.

- **내용 확인**
  장발장은 언제, 어디서, 누구의, 무엇을, 어떻게, 왜 훔쳤나?

17　양동일 외(2022), 『질문하는 공부법 하브루타』, 라이온북스 중 일부 내용 발췌

- **내용 공감**

  장발장은 빵을 훔칠 때 기분이 어땠을까?

  빵을 도둑맞은 빵 주인은 기분이 어땠을까?

- **추론(가정)하기**

  (추론) 장발장이 빵을 훔치지 않았다면?

  (가정) 장발장이 빵을 훔치고 잡히지 않았다면?

- **적용하기**

  (나) 내가 배가 고플 때 빵을 훔칠 기회가 있다면?

  (사회) 모두가 빵을 훔치는 사회는 어떨까?

- **종합하기**

  장발장 행동에 대한 개인적/사회적 판단과 토론

하나의 사건과 주제로 질문을 발전시키는 방법은 이 밖에도 목적에 따라 다르게 구성될 수 있다. 정서적인 측면 강조 또는 당시와 현재의 비교 등을 통해 질문할 수 있고, 입장을 바꿔가며 찬반 토론을 할 수도 있다.

미래의 수많은 정보와 기술은 사람의 질문을 통해서

걸러지고 수용되고 이용될 것이다. 예로, 하브루타는 지금까지 효과가 입증되고 특히 LLM 기반 생성형 AI의 운용 체계가 질문을 통하여 구현된다는 측면에서 주목받고 있다. 하지만 하브루타는 어디까지나 인간과 인간의 대화를 통해서 다른 관점에 자극을 받고, 타인의 의견을 경청하고 이해하는 가운데 나의 의견을 주장하는 쌍방 상호작용이 중심이다.

AI는 기계다. 정보접근성과 처리 속도에는 인간보다 월등한 강점을 지니지만 논리적 사고와 정서적 공감은 기대하기 어렵다. 메타키즈는 하브루타와 같은 학습법으로 질문을 통해 창의력을 기르면서도, 미래 대화법의 응용을 위해 기계와 나누는 질문법에도 익숙해져야 한다.

생각을 구현하기 #ChatGPT

창의력을 키우는 방법으로 질문하는 것은 '인간-인간'의 방법과 '기계-기계'의 방법이 다르다. AI는 정보와 데이터베이스를 기반으로 토론보다는 다양한 의견을 종합하고 최선의 방안을 제시하거나, 인간 요구에 최적의 방책을 제시한다. 하지만 당시의 사회, 문화, 제도의 영향이나 사용자 편향은 알고리즘에 영향을 줄 수 있다. 편향성을 피하고, AI 할루시네이션이나 '뜬구름 잡는' 답변을 피하기 위해서는 AI에 질문하는 방법[18]을 숙달해야 한다.

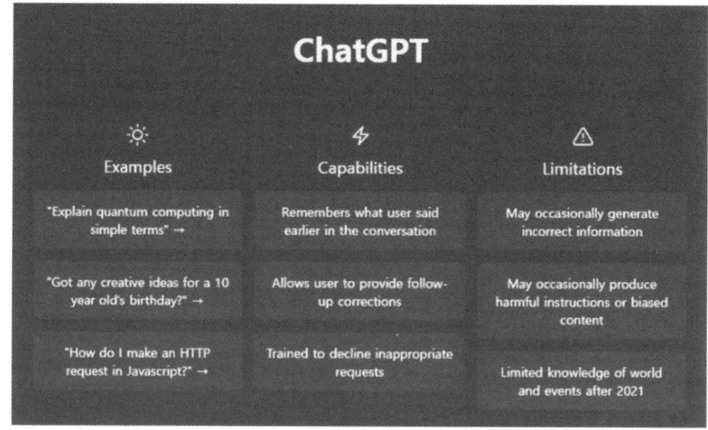

ChatGPT 초기 버전 사용법

① AI와 대화하는 데는 영어가 유리하다.

전 세계 인터넷에서 사용되는 언어의 90%는 영어다. 당연히 AI도 데이터베이스를 구축하는 데 가장 많이 통용되는 언어를 기반으로 자료를 구축한다. 번역 기능이 활성화되어 질문이 자동번역되도록 설정한다고 하더라도 사용자의 의도와 동음이의어, 문장의 맥락에 따라 다른

18 Sondos Mahmoud Bsharat 등(2024), *Principled Instructions Are All You Need for Questioning LLaMA-1/2, GPT-3.5/4.*

미묘한 해석까지 번역할 수는 없다.

미래에는 기술의 발달로 언어의 장벽이 무의미하다고 말하는 사람도 있지만 문화적 차이에 대한 이해를 기반으로 한 기초적인 언어(영어) 실력은 미래에도 준비해야 한다.

② 질문자의 유형을 구체적으로 설정

AI에 질문할 때는 질문하는 '내가 누구인지' 구체적으로 밝혀 프롬프트 작성 시 반영해야 한다. 학교 과제를 해결하려는 학생인지, 학생을 가르쳐야 하는 교수인지에 따라 제공되는 자료의 깊이와 출처 등 많은 부분에서 차이가 난다.

③ AI가 누구로서 답하는지 역할 부여

질문하는 내가 누구인지만큼 정보를 제공하는 AI의 역할을 규정하는 것도 중요하다. AI에 성별, 나이, 직업, 교육 수준 등 역할을 부여하는 구체성에 따라서 제공되는 자료는 동화책에서 박사학위 논문 수준까지 다양하다.

④ 어떤 형태의 문장, 문단을 원하는지 요구

AI에 질문할 때 혹은 답변을 구할 때는 문장구조를 설정해서 요구하면 노력의 낭비를 최소화할 수 있다. 내가 원하는 것이 논문, 에세이, 시 또는 노래 가사인지에 따라서 AI는 사용자가 원하는 형태의 문장과 문단을 구성해서 제공한다.

⑤ 물어보는 '나'는 누구인지 문체 설정

ChatGPT의 경우 질문자의 문체에 따라 답변하는 문장 구조와 단어 수준 등이 달라진다. 기본은 최대한 존칭어와 정제된 단어를 사용하는 것이지만, 사용자의 요구에 따라서 얼마든지 변형이 가능하다. 질문자는 AI에게 원하는 문체를 요구할 수 있고, 언제든지 변경할 수도 있다.

⑥ 예시 제공

질문하는데 좀 더 구체적으로 원하는 형태가 있다면 문장, 문단, 예 등의 참고 자료를 제시하여 질문자의 요구를 충족하게 할 수 있다. 예시는 구체적일수록 효과적이며, 질문자가 직접 제시할 수 없다면 AI에 관련 자료를 검색하고 참조하여 학습과 결과를 동시에 요구할 수도 있다. 이때 무엇보다 중요한 것은 '내가 원하는 것을 명확히 아는 것'이다.

⑦ 분량 제한

무한한 정보의 바다에서 질문자는 AI로부터 제공되는 자료의 분량을 제한할 수 있다. 기본적으로 AI는 가독성을 고려하여 다수의 경험적 요소를 기반으로 모니터링되는 분량의 정보를 제공한다. 하지만 화자의 요구가 입력되어 있으면 분량은 기준에 맞추어 제공된다.

(예) 방금 질문은 500자 이내로 답변해.

⑧ 키워드를 정해서 포함하도록 설정

단어, 문장의 모호함을 해결하거나 답변에서 내가 원하는 핵심(키워드)이 포함되길 원한다면, 최초 질문에 키워드를 삽입할 수 있다. 키워드를 통해 질문과 답변은 좀 더 명확하고 구체적이며 방향성을 가질 수 있다. 그리고 키워드를 중심으로 한 유사한 정보를 추가 확장할 수 있는 장점도 있다.

⑨ 추가 질문

주어진 답변에 대한 더 많은 정보 혹은 누락 정보를 얻기 위해서는 추가 질문을 통해 의도를 명확하게 해야 한다. 맥락이 끊어진 대화는 이전의 대화 중 강조하고

싶거나 확인하고 싶은 부분을 추가하여 방향성을 유지
해야 한다.

AI가 항상 객관적일까?
우리 편은 항상 옳을까?
비판력과 미디어 리터러시 역량 키우기

AI는 객관적이지 않다

AI는 객관적일 수 없다.[19] 상업 AI는 광고주와 소비자 성향에 따라 제품 순위와 정보를 제공하고, 챗봇과 같은 데이터베이스를 이용하는 AI는 사용자의 접근성에 따라서 정보가 편향된다. 우리나라에서는 2020년 말 카카오톡 데이터를 학습해 개인정보를 유출하고 혐오 발언을 해 논란을 일으킨 'AI 이루다 사태' 같은 상황이 있었고, 미국에서도 2016년 마이크로소프트 챗봇 'Tay'에 사용자들이 의도적으로 인종차별, 지역 비하 등과 관련된 정보를 주

---

19 홍진수, "'인간이 낳은 AI… 객관·공정성을 기대하는 것은 환상", 〈경향신문〉, 2021.01.17.

입하여 문제가 되었다.

메타키즈에게는 정보를 이용함에 있어 정보의 우위를 유지하면서 인간, AI로부터 비판적으로 정보를 해석하고 활용하는 능력이 강조된다. 인간관계에서 비판력은 건전한 토론 문화와 발전적인 자기 인식을 위해서 필요하다. AI에 대한 비판 능력은 단순히 '읽고 보는' 능력을 넘어 비판적으로 정보를 해석하고 활용하는 미디어 리터러시(media literacy) 역량을 키워 정보 수용과 이용을 비롯한 일상과 직장 생활을 주도할 수 있게 한다.

(나) '나'라면?

비판력을 키우는 방법은 다양하다. 상반되는 주장을 하는 특정 논설이나 논문을 분석하는 방법부터 사회적 분쟁이나 이슈를 중심으로 반대되는 의견들을 종합하여 비교하는 방법도 있다. 방법의 중점은 양쪽의 입장을 분석하여 이해한 것을 바탕으로 나의 논거를 보완하는 것이다.

육아의 관점에서 일상적으로 접근한다면 본질은 유지하되 수준을 단계별로 조정해야 한다. 일상에서 가장 흔히 접근할 수 있고 중복을 최소화하며 낮은 수준부터 접

근할 수 있는 쉬운 방법은 '책 같이 읽기'다.[20]

앞 장에서 언급한 '창의력 발달(질문 확장)'에서 예로 든 책 읽기와 연계하여 진행한다면 한 번의 책 읽기를 통해 두 가지 효과를 얻을 수 있다.

질문 확장에서 내용 확인-추론하기-적용하기가 주인공과 주변 인물 등 3자 시점의 사고라면, 비판적 글 읽기에서는 '나'를 중심으로 주인공 시점에서 내 주장의 논거를 뒷받침하기 위해 상황과 이유를 명확하게 분석하는 과정이 우선된다.

이해를 위해 앞에서의 '장발장'을 예로 들면 다음과 같다.

내가 빵을 훔치기로 했다면, 무엇을 준비하고 어떤 생각을 가져야 할까?

이 과정에서는 독자로서 윤리와 판단, 예를 들어, '도둑질은 나쁘다', '배가 고프면 누군가를 찾아가 도움을 청한다' 등의 사회적 통념과 타인으로서 의견은 배제된다.

---

20 Wells, K.(2022). *Building Critical Reading and Critical Literacy With Picture books*, The Reading Teacher, 76(3). International Literacy Association, pp. 261-269.

오직 주인공으로서 상황에 몰입하여 주인공의 신념, 사고, 행동에 초점을 두고 일종의 '자기합리화'를 진행한다. 주인공이 선행을 하거나 이성적인 행동을 한다면 합리화와 윤리적 불편함이 없거나 적다. 하지만 '장발장의 도둑질', '선녀와 나무꾼에서 나무꾼의(선녀 옷을 훔치는) 도둑질'은 자기합리화를 위해서 많은 고민과 자기를 이겨내는 과정이 필요하다.[21]

이 과정에서 부모는 당시의 시대상, 문화적 차이 등 여러 부연 설명으로 아이의 집중을 방해하기보다 아이 스스로 몰입하여 생각을 정리할 수 있도록 시간을 주고, 자신만의 논거를 나열하도록 해야 한다.

(너) '너'라면?

이 과정은 아이가 너무 어리다면 과감히 생략해도 되겠지만 아이가 어느 정도 사회 비판적 시각을 가지고 반항적인 말과 행동을 시작하는 시기(만 6세) 이후라면 시도해볼 만하다. 특히, 착한 편이 항상 이기는 영웅물(hero)에 지루함을 느끼는 시기라면 최상의 몰입 효과를 얻을 수 있다.

---

21 Kampis, D., & al.(2023), *Training self-other distinction facilitates perspective-taking in young children*, Developmental Science, 26(6), e13389, Wiley.

주인공의 상대가 되는 과정에는 상황의 몰입도를 위해 부모의 조언이 필요하다. 상대의 상황과 생각을 정리하거나 추가적인 정보를 제공하여 생각과 말, 행동에 합리적인 근거를 찾을 수 있도록 도와주는 것이다.

위의 내용을 이어『장발장』을 예로 들면, 아이가 장발장에게 빵 하나를 훔친 죄로 5년을 판결한 판사가 되어 왜 자신의 판결이 타당한지 이야기하는 것이 '너라면?'의 과정이다. 이 과정에서 아이 혼자만으로는 판사의 판결 기준과 기본적인 형량 등 판결에 영향을 미치는 세부적인 사항을 알 수 없고 책에서 누락된 것들이 있기 때문에 부모님은 아이가 가치 기준을 세우는 데 참고할 수 있도록 도움을 주어야 한다. 이때 참고 정보는 객관적일 수도, 다른 사람의 의견을 참고할 수도 있다. 예를 들어,『장발장』에서 판결을 앞둔 판사의 입장을 고려하는 데 제공할 수 있는 정보는 장발장이 훔친 '빵 하나'가 무엇이었는지 구체적으로 설명해 주는 것이다.

장발장이 훔친 빵은 '깜빠뉴'라는 매우 큰 빵이었다. 이 빵을 만들기 위해서는 반죽을 하고 3시간 동안 주무르며 1차 발효, 이후 하루 동안 냉장 숙성의 2차 발효를 거쳐야 한다. 빵의 크기도 커서 개인 오븐이 아닌 공용 오븐에서 오랜 차례를 기다려야 구울 수 있었다. 말 그대로 1.8kg~4.5kg의 큰 빵은 온 가족의 식사용으로 며칠 동안 나누어 먹을 수 있는 중요한 식품이다.

장발장은 이런 크기의 깜빠뉴를 훔쳤을 수도 있다.
(출처: 〈LA DÉPÊCHE〉, Pexiora Le pain le plus long, 2009.07.17.)

'너'가 되어 상대편에서 판단하고 주장하는 것은 다른 시각을 통해서 다양성을 이해하거나 오히려 상대 입장의 모순을 찾아 주인공(또는 자신)의 주장에 힘을 보태는 과정을 통해 열린 시각을 갖게 한다.[22]

---

22 위의 논문, Kampis, D., & al.(2023).

(우리) 빌런(villain)이 되어보자

　인간의 역사는 승자의 역사라고 할 정도로 열강의 역사를 중심으로 연표가 이어진다. 하지만 인류의 역사 속에서는 영원한 선과 악이 존재할 수 없고, 영원한 강자와 약자도 존재하지 않는다.

　그런 의미에서 선과 악이 명확한 동화나 신화 같은 이야기는 현실에서 존재하기 어렵다.

　우리는 '역사를 잊은 민족에게는 미래가 없다'라고 가르치면서 찬란하고 눈부신 역사만을 가르치고 역사 뒤의 어두운 면에 대해서는 잘 언급하지 않는다. (특히 공교육의 경우 우리는 항상 피해자거나 당당한 가해자다.)

　마치 학교에서 흔히 있는 '학폭 피해자는 있는데 가해자는 없는' 이상한 상황과,[23] 지구는 인간이 유발한 환경오염으로 병들어 가는데 '그 주범(主犯)이 나는 아니다'라는 주장과 같다.

　흔히 말하는 '내로남불'을 우리 스스로가 역사 속에서 저지른다. 어느 나라에서도 찾아보기 힘든 같은 민족을 대대로 잔혹하게 대하고 사유물로 취급하였던 노비제

23　박혜진(2021), 「학교폭력 피해 경험이 청소년 정신건강에 미치는 영향: 가해 책임 인식의 조절 효과 중심으로」, 『청소년학 연구』, 28(6), pp. 101-125.

도,[24] 최근까지 크게 언급되지 않았던, 잔혹한 베트남 양민 학살 문제,[25] 그리고 요즘 외국인 노동이 늘어나며 관심받는 외국인 노동자 인권 문제[26] 등은 사회적 쟁점이 되고 있지만 우리 대부분이 외면하고 있다. 그러면서 다른 나라가 우리에게 저지른 문제에 대해서는 정치적 이슈화하여 크게 분노하고 감정적으로 접근, 결국 실리적으로 큰 이득을 얻지 못한다.[27]

우리는 비판을 잘하기 위해서 나(우리)에 대한 비판을 수용할 줄도 알아야 한다. 비판을 수용하고 활용하는 것은 발전의 원동력이다. 자녀와 역사를 이야기할 기회가 생긴다면 시험에 나오는 찬란하고 숭고한 피해자 연대기를 외우는 것도 점수를 위해 중요하지만 우리가 빌런(악당)이 되어 비판을 수용하는 시간도 세상을 위해 필요하다는 것을 알려주어야 한다.

24 Damian A. Pargas, Juliane Schiel(2023), *Slavery in Chosŏn Korea, The Palgrave Handbook of Global Slavery throughout History*. pp. 319–338.

25 "베트남 전쟁: 한국 사법부, 55년 만에 베트남 민간인 학살 '정부 책임' 인정, 그 의미는?", 〈BBC News〉, 2023.02.09.

26 "인구감소 한국, 외국인노동자 필수지만 보호제도 부실", 〈New York Times〉, 2024.03.02.

27 정한범(2021), 「한일 역사 갈등과 외교적 해결 가능성」, 『국제정치논총』, 61(3), pp. 49–74.

5

부탁도 해보고, 거절도 당해보고, 같이 해봐야 자란다

공동 작업(cooperation)과 구성 능력(composition) 키우기

같이 작업하고 작업을 구성하기 위해서

메타키즈의 사회성과 협업 능력이 발전하고 과업의 구성 능력이 향상되기 위해서는 부모와 함께 집이나 밖에서 할 수 있는 '단기~장기' 프로젝트를 진행하면서 본인의 역할과 협업의 필요성을 깨달아야 한다.

다른 방법으로는 평소에 앞 장의 독서 방법을 통해 주인공, 또는 상대방의 입장에 공감하면서 사회성을 증진하는 것이 있다. 아이가 놀 때, 역할극을 통해 책에서 배운 것을 실습하는 방법도 있을 것이다. 여기서 강조되는 것은 다른 사람의 입장, 다른 사람이 날 보는 입장 등을 '공감'하며 도움을 주고 도움을 받는 것의 필요성을 체감해 보는 것이다.

주말이나 휴일에 아이들과 박물관이나 미술관을 가거나 명소 현장 답사를 하게 되는데, 이때 혼자서는 할 수 없는 건축물을 부분부터 확대해 나가거나, 그림 속에서 색깔의 조화를 눈여겨 보고, 작품에서 작가가 전하고자 하는 사회적 메시지를 찾아보는 것, 과학기술의 발전이 단계적으로 이루어지는 과정 등을 알아가는 것도 좋은 활동이다.

내가 없는 프로젝트: 내 역할 찾기

흔히 '메타인지(meta cognition)'라고 하는 자기에 대한 인식은 '나'라는 존재와 역할을 평가하고 할 수 있는 일을 찾아 집중할 수 있게 한다. 메타키즈에게 필요한 협업 능력에는 나를 비롯한 조직과 조직원에 대한 평가분석을 통해 장단점을 파악하고 적재적소에 과업과 시간을 할당하는 구성 능력이 포함된다.

그 시작은 아이가 집에서 할 수 있는 일이 무엇인지 찾아보는 것이다. 회사에서 신입사원이 사수를 따라다니며 하루 업무 흐름을 파악하고, 학교에서 입학 후 며칠 동안 적응 기간을 두어 아무것도 시키지 않고 등교와 하교만을 반복하도록 하면서 자기 역할, 과업, 부수적인 제반 사항을 파악하게 하는 것처럼 말이다.

아이는 아침부터 저녁까지 집안에서 일어나는 일을 가만히 보며 가정에서 나의 역할은 무엇이고, 그것을 위해서 부모님이 어떤 준비를 해주는지 살펴보고, 아침 식사부터 유치원, 학교 갈 준비 등의 하루 흐름을 습득해야 한다. 그 뒤로는 나와 관련된 집안일은 무엇인지, 그중에서 내가 할 수 있는 일들(이불 정리, 양말 신기, 책가방 챙기기, 신발 정리 등)은 무엇인지 구분하고, 공동체 활동(식사 시간 물 떠 오기, 식탁 정리, 화장실 휴지 채우기 등)에 대해서도 스스로 찾고 알게 해야 한다.

시간이 지나서 아이에게 수동적으로 시키는 것만 했던 것들, 그동안 알지 못했던 것들을 이야기하고, 아이가 스스로 할 수 있는 것들의 목록을 정리하는 시간을 갖는 것이 필요하다.

이때 아이가 직접 선택하는 과업과 부모가 원하는 과업은 차이가 있을 수 있다. 따라서 실제로 아이가 할 수 있는 것인지, 도움이 필요한 것인지 구분하여 실행해 보고 수정하는 과정을 통해 내 역할, 과업 등을 인식하게 해야 한다.

이런 식의 기본 과업에서 발전하여 식물 키우기, 단기 과학 프로젝트(구조물로 만들 재활용 재료 모으기, 물정화 시스템 만들기, 기상관측 기록하기 등), 요리, 작품, 만들기 등의 함께하기를 통해 아이가 '나'를 인식하고 자신의 역할을 알게 되어 참여하는 것은 협업 능력 향상에 좋은 기초다.

'나'만 하는 프로젝트: 부탁하기

"이것 좀 도와주세요."

부모가 아이에게서 도움 요청을 받는 것은 '아직도 아이한테 내가 필요하구나'를 느끼게 하는 행복한 순간이다. 아이가 어느 정도 자라면 곧, "엄마(아빠)는 알지도 못하면서."라고 말하며, 도움을 간섭으로 취급할 것임을 알기 때문에, 아이가 도움을 요청하는 순간이 너무나 소중함을 인지하고 만끽해야 한다.

협업에는 의사소통을 위한 사회성도 중요하지만, 필요한 것에 대해서 '부탁하는 기술'도 필요하다. 친구에게, 타 부서에, 업무상 공조를 위한 협조 등 대등한 협업 관계 외에 상대방에게 불리한 조건의 일방적인 부탁을 해야 하는 방법, 태도, 조건 제시 등도 연습을 통해서 기량을 숙달할 수 있다.

'Fragen kosten nichts(질문은 돈이 들지 않는다)'는 독일 말이 있다. 부탁하는 데에는 돈이 들지는 않지만 부탁하기까지 부담을 느끼고 그에 상응하는 대가를 치러야 할 것 같아 주저하게 된다. 무엇보다 나는 부탁할 자격이 있는지, 누구에게 어떻게 부탁할지, 이기적으로 보일지 걱정도 된다. 하지만 부탁하지 않으면 아무도 도와주지 않고 목적을 달성할 수 없으며 부탁할 누군가를 아는 것도, 관련된 지식, 능력, 자원, 시간을 파악하고 있다는 뜻이기 때문에 그 네트워크를 이용할 줄 알아야 한다.

그리고 부탁을 거절당한다고 실망해서도 안 된다. 상대방이 나의 부탁을 들어주어야 할 빚이 없는 이상, 그 사람은 자신의 의견을 표현했을 뿐이다. 또 부탁을 들어주고 싶지만 자원이나 능력, 시간이 부족해서 이번 부탁을 못 들어주었지만, 다음에는 부탁을 들어줄 수도 있다.

그렇다고 무턱대고 아무 때나 자주 부탁해서는 안 된다. 그런 행동은 곧 평판과 사회적인 위치를 낮추고 나아가서는 그 누구도 이기적인 사람의 부탁을 들어주지 않으려 할 수도 있기 때문이다.

아이에게 알려줄 수 있는 부탁 방법은 다음과 같다.

① 부탁이라는 행위에 거부감이 없도록 개념 정립[28]

아이가 부모에게 하는 무조건적이고 일방적인 부탁에

---

28 이진희(2022), 『사실은 이렇게 말하고 싶었어요』, 마일스톤.

대응하면서 개념 학습을 시작한다. 아이의 부탁은 기꺼이 들어주지만 그 부탁이 '왜 필요한지'를 아이에게 물어 아이가 할 수 있었던 것인지, 어떤 부분에서 어떤 도움이 필요한지 부탁을 구체화한다. 그리고 부탁을 들어준 이후에는 '감사'를 표현하고, 그에 대응하는 작은 요청을 함으로써 서로 '부탁'을 통해 관계가 형성됨을 인지시킨다.

부탁은 나의 목표 달성과 행복을 위해 상대방에게 손을 내미는 행위이다. 즉, 상대가 나에게 도움을 줄 수 있는 기회를 제공하고, 반대로 상대가 도움이 필요할 때 내가 도움이 되는 기회를 제공함으로써 사회성의 기본인 주고받는 행위가 시작되는 것이다. 이런 부탁과 도움의 조화는 인간관계를 풍성하게 한다.

② 부탁하는 방법

부탁하는 자세는 겸손하되 내가 필요한 사항이 무엇인지 구체적이고 명확하게 표현되어야 한다. 즉, SMART[29]한 부탁 표현에 포함되는 것들은 S(Specific, 구체적), M(Meaningful, 유의미한), A(Action-oriented, 행동 지향적), R(Realistic, 현실적), T(Time-bound, 시간 제한적)이다.

---

29 웨인 베이커(2020), 『나는 왜 도와달라는 말을 못 할까?』, 어크로스.

위 요소들로 구성된 부탁하는 문장은 긍정적인 내용의 의문형이 좋다. 의문형은 상대방으로 하여금 선택(결정)의 우위를 양보하여 나를 낮추고 상대방을 높이는 방법이다. 'SMART'한 질문을 예로 들어보겠다.

"(유의미한) 내가 학교에 제출할 점토 조각상을 만들려고 하는데, (구체적) 안에 뼈대로 쓸 철제 구조물을 만들면 더 튼튼할 거 같아요. (행동 지향적) 하지만 쇠가 너무 두꺼워 자르고 굽히는 것이 (현실 지향적) 어려워요. (시간 제한적) 오늘 저녁에 공구 사용하는 것을 도와줄 수 있나요?"

부탁을 위해서는 '베푸는 것'에 대한 미덕과 내가 부탁을 수용하는 데 한계가 있듯이 상대도 한계가 있음을 알아야 한다. 또한 부탁하는 데 적절한 시간을 찾아내는 감(感)도 필요하다. 적절한 시간을 알아차려 부탁하고, 부탁을 잘 들어주는 것은 경험을 통해서만 학습된다.

부탁은 자신의 부족함을 드러내는 부끄러운 행위가 아니라 나에게 선의를 베풀 기회를 주는 것, 주는 것과 도움을 받는 사회적인 활동을 통해서 풍성한 인적 네트워크인 미래 자산을 형성하는 것이다.

같이 하는 프로젝트: 구성하기

미래는 기술의 융합과 지속 가능성에 대한 프로젝트가 주축을 이룰 것이다. 예를 들어 재생에너지 해결 방안과 같은 정부 주도 프로젝트에는 관계기관 공무원, 에너지 관련 업체와 연구원, 환경단체, 사업성 검토 기관 등 서로 다른 영역의 전문가들이 새로운 기술과 영향에 대해서 협업한다. 이때, 업무 진행 과정에 따른 우선 순위와 제도적 검토, 예산 확보 등 전체적인 틀 안에서의 중간 점검이 포함되지 않으면, 예상하지 못한 부분에서 제동이 걸리거나 시간을 지체하는 경우가 생긴다. 미래 산업의 경우는 연산과 진행 과정이 빠르므로 사전에 다이어그램(diagram)[30]을 통한 연산 과정의 모델화와 검토 과정이 철저히 반영되지 않으면 막대한 시간, 자원의 낭비가 초래된다.

특히 미국은 다이어그램 문화가 생활 속에도 잘 발달했는데, 미국 영화나 드라마에서 보던 벽이나 화이트보드에 붙은 사진과 간단한 설명, 실과 색으로 서로를 연결하여 한발 물러서 바라보며 토의하는 장면은 대학 연구실에서도 쉽게 경험할 수 있다.

---

30 이해하기 쉽고 기억하기 쉬운 방식으로 정보를 표시하는 것. 그림, 도표, 그래프 등의 다이어그램을 사용하여 데이터를 시각화하고, 아이디어를 구성하여, 인과 관계를 설명할 수 있다.

프로젝트에 대한 구상과 구성, 중간 검토 단계가 완료되었다면 업무를 추진하면서 관리, 감독, 점검에 대한 공정성 유지, 결과에 대한 겸허한 인정과 투명한 수정 작업을 진행하여 업무의 완성도를 높여야 한다.

아이와 함께 장기적이지만 많은 시간과 비용이 들지 않고 성과를 거둘 수 있는 프로젝트의 대표적인 예로 '미니정원 만들기'가 있다. 장소에 크게 영향받지 않고 직접 채취할 수 있는 채소나 과일, 허브 등을 통해서 성과를 체험할 수 있는 활동이다.

먼저 환경보호, 생태계 등의 주제로 프로젝트를 시작하고, 직접 정원을 꾸미기 위한 식물의 종류를 선택하여 구성 과정을 거친다. 정원의 규모, 필요한 물품, 비료, 영양제, 해충 방지 등 관리 방법, 주기적인 관찰 일지와 수확 후 만들 요리까지. 계획을 진행하면서 협업 과정을 경험할 수 있다.

이후 농장, 농산물 유통 시장과 동네 마트까지 돌아보며 산업 구조와 유통에 대해 직·간접으로 체험한다면 사회 구조를 이해하고 경험하며 안목을 넓힐 수 있다.

같이하는 프로젝트를 장기 프로젝트와 단기 프로젝트로 나누어 동시에 진행하면, 아이들의 흥미를 유지하면서,

다양한 역할 체험을 통한 사회성 향상에 도움이 될 것이다.

많이 보기, 알고 보기, 뜯어보기, 다시 보기
-박물관, 미술관 견학

박물관이나 미술관은 아이들의 호기심을 자극하고 아이가 속한 세상의 역사 발전 과정, 인간이라는 공동체의 능력이 축적된다. 세계관을 체험할 수 있는 훌륭한 교육 공간이다. 하지만 단순히 둘러보는 것만으로는 교육 효과가 크지 않다. 많이 보기, 알고 보기, 뜯어보기, 다시 보기의 네 단계로 관찰의 깊이를 더하면 아이의 사고력, 비판력, 메타인지가 함께 자라날 수 있다. 학습 효과를 증대하기 위한 몇 가지 팁(tip)은 다음과 같다.[31]

① 한 곳을 여러 번 방문할 계획을 세운다.(시즌권 구매)

여건이 된다면 같은 장소를 여러 번 방문하여 주제별, 단계별로 방문 목적을 다르게 설정하는 것이 좋다. 아이가 성장함에 따라 배경지식과 관심 있는 주제도 발전하므

---

31 Xin Gong 외(2020), *Creativity development in preschoolers: The effects of children's museum visits and other education environment factors*, Studies in Educational Evaluation vol. 67, 2020, Article 100932.

로 같은 장소를 여러 번 방문할 때마다 새로운 경험을 하
게 된다.

② 아이에게 방문하기 며칠 전에 이야기한다.

아이와 상의하여 장소를 선택하거나 여건에 맞춰 방
문이 결정되었다면 사전에 아이에게 알려준다. 아이는 관
련 정보를 스스로 검색하거나 보고 싶은 것, 알고 싶은 것
을 질문하며 사전지식과 관심을 높인다.

③ 아이의 호기심을 자극할 만한 질문을 한다.

아이 스스로 궁금한 것을 고민할 수도 있지만, 박물
관(미술관 등)의 주제, 행사, 전시된 작품들의 특이한 점 등
을 사전에 조사하는 것이 좋다. 집에서, 이동하는 차 안에
서, 전시관 이동 간에 아이에게 호기심을 자극할 수 있는
질문을 하는 것은 아이의 흥미와 집중도를 높이고 관람의
목적을 달성하는 데 도움이 된다.

④ 부가 서비스를 이용한다.

박물관이나 전시회도 요즘은 QR코드를 이용해서 부
가적인 설명과 영상자료를 제공하므로 쉽게 이용할 수 있
다. 기간별로 특별전이 열리는데, 추가 요금이나 시간이

지체되는 것 때문에 생략하는 경우가 있다. 부가 서비스는 작품의 이해와 관련된 추가적인 옵션들이 주를 이루므로 아이의 작품 이해와 체감 효과를 증진한다. 모든 것을 보려고 무리하기보다는 하루에 한 가지만이라도 제대로 보고 온다는 생각으로 욕심을 버리고 관람 계획을 세워 진행하는 게 좋다.

⑤ 앞에서 보고, 옆에서 보고, 거꾸로 본다.

루브르 박물관의 모나리자가 유명한 이유 중 하나는 어느 각도에서 봐도 그림 속의 여인이 관람자를 쳐다보는 느낌을 주기 때문이다. 바르셀로나의 명물 가우디 건축물은 추를 묶은 실을 천장에 달고 바닥에 거울을 설치해 내려다보는 건물의 지붕 모양에 영감을 얻었다. 그림을 통해서 색의 구성과 조화, 구도의 균형을 알고 건축에서 수학적 패턴, 기하학, 대칭, 패턴 등을 찾기 위해서는 다양한 시각이 필요하다. 이때, 아이의 또래 친구와 함께 간다면 서로 다른 관점으로 비슷한 주제에 가벼운 경쟁을 하거나 도움을 주며 효과를 높일 수 있다.

⑥ 아이들이 이해하기 쉬운 말로 설명한다.

아무리 보기 좋은 작품도 전문적인 단어로 어렵게 설

명해서 이해하지 못한다면 효과가 반감된디. 이이의 시각과 느낌으로 이해하고 실생활에서 경험한 유사한 것을 예로 든다면 훨씬 이해의 효과가 높다. 알지도 못하는 단어와 현상을 설명하다 서로 지치는 것보다 알기 쉽게 간단히 설명하거나 이해할 수 없는 것은 과감히 생략하는 것도 방법이다.

⑦ 사진 찍기보다는 느끼기에 초점을 맞춘다.

'사진이 남는 것이다', 'SNS에 올려야 한다'라는 생각으로 작품 관람은 뒷전이고 사진만 찍거나, 아이와 함께 작품을 보고 듣지 않고 한걸음 뒤나 앞서서 아이가 관람하는 모습을 동영상으로만 찍는 것은 관람의 집중도를 심각하게 저해시킨다. 나아가 아이의 관람 태도에도 영향을 미쳐, 아이들도 작품을 보는 것이 아닌 작품을 카메라에 담는 것만 배우게 된다. 물론 기념을 남기는 것은 중요하나 어느 정도의 선은 지키도록 신경 써야 한다.

⑧ 그림일기로 느낌을 표현하고 기억한다.

아이들에게는 신기하거나 감명 깊었던 것을 회상하는 단계를 통해 어떠한 형태로든 '자기화'하는 기회를 주어야 한다. 그것은 시각적 이미지, 교훈, 감명, 가족과 함께

한 기억 등이 될 수 있다. 이 자기화 단계에 가장 효과적인 것은 그림일기다. 앞 장 '소통 능력'에서도 강조했던 그림일기는 영상 이미지와 기호 각인으로 기억에 오래 남도록 돕는다.

세 아이와 미국 보스턴 과학박물관에서

6

잘된 사람 보고 배우지 말고, 안된 사람 보고 조심하자

헌신(commitment)

실패를 경험하는 훈련

#What does not kill me make me stronger[32]

'생존자 편향(survivor's bias)'[33] 이론은 2차 세계대전 당시 미(美) 항공기가 적 대공포의 총격에 피해받는 상황이 늘어나면서 항공기와 파일럿의 생존율을 높이기 위해 미군 통계 연구 단체(SRG, Statistical Research Group)가 작전 성공 후 돌아온 항공기들의 피탄지를 분석하고 보완하

---

32 Friedrich Nietzsche의 "Was mich nicht umbringt, macht mich stärker."(『우상과 황혼(Götzen-Dämmerung)』의 격언과 화살(Sprüche und Pfeile) 8절에 등장하는 문장이다.

33 성공적으로 살아남은(또는 결과를 보존한) 사례만 분석하여, 실패하거나 탈락한 사례를 무시한 채 잘못된 결론을 내리는 인지 오류를 의미한다.

는 과정에서 발견한 이론이다.

SRG는 피해가 많은 부분을 분석하여 철판을 강화하고자 했다. 이때, 헝가리 이민자 출신 수학자이자 이 그룹 연구원인 아브라함 왈드(Abraham Wald)는 분석 결과에 오류가 있음을 발견하고, 피격되어도 비행할 수 있는 부분이 아닌, 피격되면 항공기가 추락하는 치명적인 부분을 보완해야 한다고 주장했다.

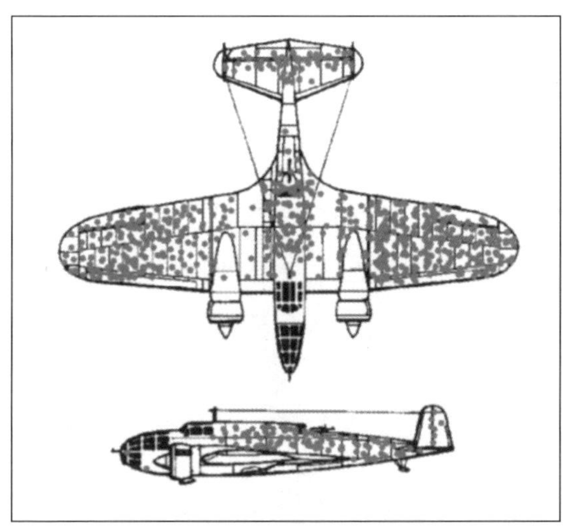

SRG가 연구한 복귀 항공기의 주요 피해 지점

생존자 편향은 '성공한 사례'에 집중해 분석과 적용에 잘못된 결론을 내리는 인지 오류를 말한다.

나보다 열악한 상황을 이겨낸 사례나 행운이 함께한 성공 사례는 나에게 크게 도움이 되지 않는다. 나와 비슷한 상황에 있는 사람들이 실패한 사례가 오히려 나에게 벌어질 확률이 높고, 내가 조심해야 할 사항이다. 무엇보다 실패를 경험하였을 때, 심리적 좌절을 극복하고 교훈을 얻어 같은 실수를 반복하지 않도록 준비해야 한다.

현재 우리 부모 세대는 '실패'를 경험하고 극복하는 것에 취약하다. IMF 사태와 COVID 외에는 전란에 준하는 국가 위기와 기아, 질병, 재해 등 국가 수준의 어려움이 개인에게 실패를 경험하게 하는 시기를 겪어보지 못했다.

안정에 익숙해진 우리는 과잉보호와 간섭으로 우리 자녀들이 실패를 경험하지 못하게 한다. 실패를 두려워하는 사람은 자신의 삶에 헌신하지 못한다. 깊게 파고들었을 때 실패하면 시간과 자원을 크게 잃어 회복할 수 없고, 기대가 클수록 실망도 커진다는 망상에 사로잡힌다.

이로 인해 사회 진출에 대한 의욕이 사라지고 대인 관계를 회피하며 은둔형 생활을 하거나 30대 이후에도 부모에게서 독립하지 않으려는 성향이 사회문제가 되고 있다. 실패하였을 때, 무엇보다 중요한 것은 심리적 충격과 부

정적인 정서를 극복하는 것이고, 이것은 훈련으로 완화할
수 있다.[34]

먼저, 아이들에게 실패를 경험하게 해야 한다. 가장 쉬
우면서도 인내가 필요한 방법은 지켜보는 것이다. 단순히
놀 때, 프로젝트를 진행할 때, 그림을 그릴 때도 실패를 경
험할 수 있다. 무엇보다 충격이 큰 실패는 자신이 좋아하
는 일에 정성껏 오랜 시간 공들였을 때 경험하는 것이다.

나는 첫째 아이가 동영상 편집하는 것을 좋아해서 관
련 프로그램을 설치해 주고 시나리오를 같이 쓰고 촬영
도 같이한 적이 있다. 하지만 결정적으로 중요한 편집에
는 전혀 관여하지 않았다. 조언도 안 하고 도움도 거절했
다. 이 부분에서 인내가 필요했다. 놔두고 가만히 지켜보
면 실수하는 아이가 보인다. 당연히 아이는 첫 도전에 실
패했다.

아이는 울고 신경질을 냈다. 나는 속으로 다시는 동영
상 작업은 안 하겠다고 할까 걱정했다. 하지만 지금은 그
아이가 동생들을 데리고 영상을 찍고 편집하여 자랑한다.

34 이의빈 등(2023), 「부모의 성취 압력 및 학습 관여가 아동의 삶의 만족도
에 미치는 영향: 학업 스트레스와 학업적 실패 내성의 매개 효과에 주목하
여」, 『한국 청소년 연구』 34권 4호.

실패를 하나의 과정으로 받아들이지 못하는 것은 부모이지 아이가 아니다.

실패를 극복하는 훈련

한 분야의 전문가는 양질의 교육을 통해 지식을 쌓고, 많은 경험을 통해 '기본'에 충실하면서 믿고 맡길 수 있는 사람이다. 그 뒤에는 수많은 실패와 좌절을 딛고 다양한 돌발상황에 대처할 수 있는 경험이 축적되어 있다. 즉, '산전수전'을 겪어야 전문가가 될 수 있다.

실패는 누구나 겪는다. 하지만 실패를 어떻게 받아들이는지는 다르다. 누군가는 실패에 좌절하여 의욕을 상실하고 도태된다. 누군가는 실패를 발판 삼아 도약한다.

앞에서 실패의 충격을 완화하여 극복이 가능한 상태로 돌리는 능력은 훈련을 통해서 가능하다고 했는데, 그 방법은 사회적으로도 연구가 활발하다. 그 가운데 교육 분야, 보건의료 분야, 군(軍) 등에서 PTSD(외상 후 스트레스 장애)를 치료하는 방법과 서강대 희망연구소에서 설명하는 부정적 정서 극복 방법에서 아이들에게 적용할 수 있는 '실패를 극복하는 방법'을 선별하여 다음과 같이 정리해 보았다.

① 자신의 트라우마를 그림과 글로 쓰기

글쓰기를 트라우마 치료에 적용하는 것은 다수의 연구 결과로 입증되었다.[35] 먼저, 복잡한 생각과 답답한 마음을 그림과 글로 정리하면 내부의 문제가 외부로 분출하여 심리상태와 육체적인 스트레스를 완화한다. 이후 머리에 뒤섞인 문제를 그림(감정)과 글(이성)로 표현하면서 상황을 종합적으로 판단할 수 있는 여건이 조성된다.

② 사건이 어떤 의미인지 파악하기

'나를 죽이지 못하는 것은 나를 강하게 한다'라는 말처럼 실패를 잘 극복하는 것은 성장의 발판이 된다. 글쓰기로 심리상태가 안정되고 이성적 판단이 가능한 시기가 오면 실패의 원인을 분석하여 실패가 주는 의미가 무엇인지 부모가 들어주는 과정이 필요하다. 아이가 무엇을 느꼈든 상관없이 부모는 언제나 아이를 응원하는 보금자리로서 존재하면 된다. (드라마 〈폭싹 속았수다〉(2025)에서 주인공 양금명의 아빠처럼 "안 되면 빠꾸해, 아빠 여기 있어."가 가장 적

---

35 Louise A. De Salvo(2000), *Writing as a Way of Healing: How Telling Our Stories Transforms Our Lives*, Beacon Press.; James W. Pennebaker(2018), *Expressive Writing in Psychological Science*, Perspectives on Psychological Science, vol. 13, no. 2, 2018, pp. 226-229 등

절한 예시라 할 수 있다.)

자녀의 성공을 기대하고 응원할 수 있지만, 직접적으로 관여하고 결과에 영향을 미치면 아이는 의존적이고 부모의 눈치만 보게 된다.[36]

③ 사건을 객관적인 시선으로 바라보기

'상호 소통 능력', '창의력', '비판력'에서 '헌신'까지 공통적으로 알 수 있듯이 '그림일기'와 '다르게 책 읽기'는 꾸준할 때 상상도 못 할 위력을 발휘한다. 이미 책을 함께 읽으며 다양한 입장과 시각으로 사건을 바라보는 연습을 했다면 아이와 '실패라는 사건'을 객관적으로 바라보는 것도 가능해진다. 사건을 객관적으로 바라보면 원인과 과정, 결과 분석이 수월하다. 무엇보다 내부의 부정적인 정서를 외부로 꺼내 놓은 글쓰기 단계에서 발전하여 '작가 시점화'로 이어진다면 문제를 직시하고, 문제에 대해 언급하고 분석하면서 트라우마가 주는 충격의 수위를 낮출 수 있다.

이 장에서 다루는 능력인 '헌신' 자체에 부모가 적극

---

36 C. Wang et al.(2023), *Helicopter parenting and college student depression: the mediating effect of physical self-esteem*, Frontiers in Psychiatry.

적으로 개입하는 것은 제한된다. 꾸준함과 집중은 본인이 스스로 해야 하기 때문이다. 하지만 헌신하면서 겪는 실패에 대한 정서적 지원은 회복 탄력성을 위해 부모로서 반드시 도와주어야 하는 것이다. 그 과정에서 결과에 대한 부모의 기대를 표현하는 것은 동기부여가 될 수도 있지만, 부모가 직접적으로 개입하여 결과를 유도하는 것은 오히려 부정적인 영향이 클 수 있다는 것에 유의해야 한다.[37]

국가의 선택과 역사공부

어떤 학교를 진학할지 고민하며 공부하고, 어느 회사에 취업할지 선택하여 흔히 말하는 스펙을 쌓으면서, '왜 어떤 나라에서 살지'는 고민하지 않을까? (지금도 가능하지만) 미래 아이들에게는 국가의 선택이 더 유연해질 것이다.

자신의 사상과 철학에 맞는 국가에 헌신하기 위해서는 먼저 국가를 고를 안목을 갖추어야 한다. 제일 좋은 방법은 우선 지금 살고 있는 국가를 아는 것이다. 그다음 지금 가족과 친구가 살고 나의 뿌리이자 같은 민족이 모인 국가에 애착을 갖고 계속 살지, 내가 원하는 국가의 이념

---

37 C. Wang, Shi, Li(2023), 같은 글.

과 철학에 찾아 이상적인 국가로 떠날지 선택할 수 있다.

　2025년 현재 우리나라 공교육에서 역사교육 시작은 늦는 편이다.[38] 초등학교 3학년이 되어서야 처음으로 시간의 흐름에 대한 개념을 설명하고, 초등학교 5학년 2학기부터 본격적으로 역사를 배우는데, 그 범위가 매우 광범위하고 개괄적이어서 오히려 혼란만 가중된다는 평이다. 3학년 때부터 내가 살고 있는 지역사회의 역사에 대해서 체험학습을 시작하는 것은 이해할 수 있으나, 초등학교 5학년 2학기부터 6학년까지 단기간에 한반도의 선사시대부터 현대사까지를 통째로 학습하는 것은 범위와 집중에서 문제가 있어 보인다. 일단 너무 광범위하다는 의견과 세계사를 다루지 않아 다른 문화권과 비교 분석이 어렵다는 의견, 그리고 중학교 때부터 시작되는 세계사와 한국사의 학업 평가 범위와 깊이가 부담된다는 의견이 있다.[39]

　미국의 경우 초등학교 입학과 동시에 지역사회의 지리, 역사를 배운다. 2학기 때부터는 콜롬버스의 신대륙 발견부터 제2차 세계대전에 대해서 배우고, 경우에 따라 시

38　2022년 초등학교 교육과정 개정안(교육부) 참조.

39　황은희(2023), 「2022 개정 초등역사 교육과정의 방향과 특징」, 『역사교육 연구』 제46호.

간의 흐름을 이해할 수 있도록 노래나 시, 책을 통해서 연도를 암기한다.

창의력을 위해서는 암기보다 이해 교육이 좋다고는 하지만 수학, 어학, 역사, 교육 등 기본적인 지식, 응용이 필요한 분야에서는 암기가 창의력의 발판이 된다. AI에 의존하지 않는 뇌 발달을 위해 인간의 암기 활동은 지속되어야 하고 그 필요성도 강조되고 있다.[40]

공교육에서 역사에 대한 교육이 부족한 상황에서 부모는 아이들에게 두 가지 접근 방법을 통해 역사에 대한 흥미와 집중력을 높일 수 있다.

① 숲을 보고 나무를 살펴보는 방법

우리나라의 역사교육이 나무(지역)부터 숲(한국사)을 보는 방향으로 가는 것과는 반대로, 숲을 먼저 개관하고 나무를 살펴보는 방법으로 시각을 확대하고 개념을 잡아주는 것이다. 세계 지도나 지구본을 통해서 각 나라의 위치, 환경, 인종 등의 전체적 개념을 가지고 '지구, 세계'를 이해하는 것에서 시작한다.

40 Larry Ferlazzo(2020), *The Roles of Memorization, Teaching and Learning.*

② 세계사와 한국사가 같이 있는 연표를 보고 타임라인 이해하기

아이들이 즐겨 보는 애니메이션에는 시간 여행 관련 내용이 많다. 각종 미디어에서도 부모의 생각보다 많은 부분에서 과거와 현재의 기술에 대해서 다룬다. 오히려 교육계에서는 아이들의 개념 부족을 이유로 역사 비교를 미루는데 이것은 시대착오적인 발상이다. 이미 다양한 콘텐츠에 노출된 아이들에게 비교 분석이 가능하고 가시화된 다이어그램(그래프나 연표)을 항시 확인할 수 있게 걸어놓고 스스로 확인하게 하는 것은 유익한 방법이다. 이때 중요한 것은, 항상 앞에 펼쳐져 있는 '접근성'과 언제든지 쉽게 볼 수 있는 '가시화'다.

7

AI 활용은 스스로 결정하는 습관으로부터 시작한다

Chief Level 역량(Chief Level abilities)

결정과 책임에 대한 해석

'결정'과 '책임'에 대해 경영학에서는 효율성을, 심리학에서는 의사 결정 과정의 논리를, 군에서는 열악한 환경에서의 결정력(leadership)[41]을 강조한다. 이처럼 '결정'과 '책임'은 분야별로 다양한 관점으로 해석된다. 이 책에서는 경영학 의사결정 이론, 심리학 의사결정 과정, 군대의 리더십 교육, 교육학 의사결정 모델 등 각 분야의 이론 중에서 미래 어린이 육아와 관련된 내용을 정리하였고, 실질적으로 적용할 수 있도록 기술했다.

---

41 대한민국 군에서는 육군(육군 리더십센터), 해군(충무공 리더십센터), 공군(보라매 리더십센터) 등 각 군의 특성에 맞춰 간부에게 리더십을 교육하고 있다.

결정하기: 의사결정 트리 만들기

결정을 위해서는 다양한 방안과 이론이 있지만 큰 틀 안에서는 문제 인식-정보 수집-대안 평가-최종 선택 4단계의 과정을 거친다. 각 단계 안에는 고려해야 할 요소들이 있는데 아이들과 함께 진행할 때 핵심은 '가시화'다.

전체적인 의사 결정 과정의 진행 절차를 점검할 수 있는 결정 트리(decision tree)는 기업과 군에서도 사용하는 방법으로, 다음 과정으로 나아가기 위한 점검과 충족 요건을 판단하기 위해 사용한다. 주로 문서, 도표 등 다양한 방법으로 자료 공유나 회의를 통해서 아래 사항을 점검하며 조율한다.

의사 결정 단계별 주요 점검 사항

단 계	주요 점검 사항
문제인식	상황 인식, 목표의 명확화, 가용시간/자원
정보수집	신뢰성, 적절성, 충분성-완전성
대안평가	비용-편익 분석, SWOT[43] 분석, 시나리오 분석-측정
최종선택	장기적 영향, 윤리적 측면, 리스크 관리

42 SWOT: Strength(강점), Weak(약점), Opportunity(기회), Threat(위협)

예를 들어, 아이와 장난감 자동차를 살 때, 다음 그림과 같이 가시화된 트리를 이용해서 가용자산과 시간을 고려하고, 영향 요인을 비교, 분석해 상품 종류와 방법을 결정하게 할 수 있다.

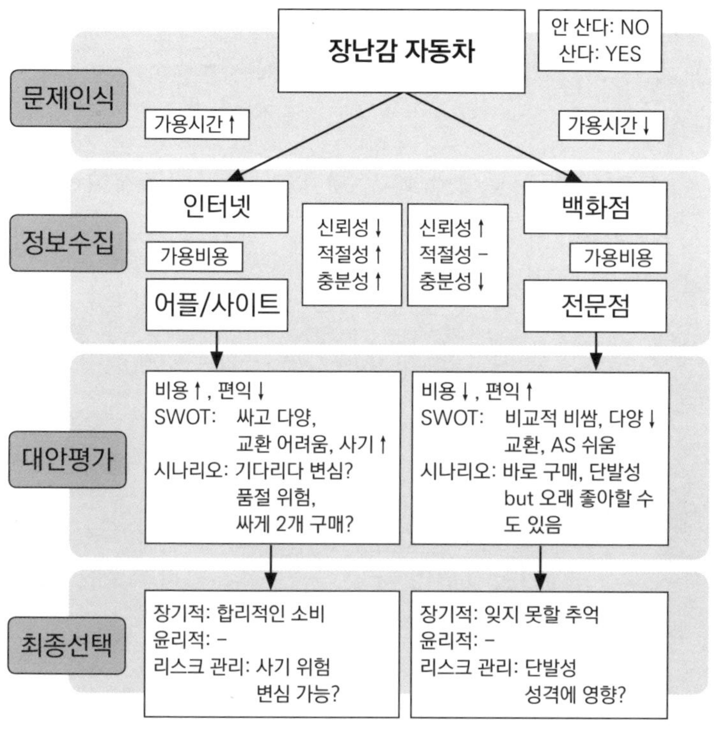

의사 결정 트리를 장난감 자동차 구입에 활용

아이는 스스로 결정하기까지 논리적으로 생각하고

말하며 의견 교환의 과정을 거쳐 합리적 '의사 결정 과정'을 숙달한다. 모든 선택에 이 과정을 도입할 수는 없으나, 상황에 따라서 불필요한 단계는 생략하든가, 중요 요소만을 포함할 수도 있다. 중요한 것은 아이가 결정을 내리는 과정에 조언 이상의 영향력을 미치지 않기 위해 노력해야 한다는 점이다. 아이는 부모 눈치를 보면서 부모가 만족할 만한 방향으로 결정하는 경향이 있기 때문이다.

무엇보다 부모에게 가장 필요한 것은 인내심이다. 아이가 결정하기까지 충분히 생각할 시간을 주고, 본인의 결정에 따른 결과가 나타날 때까지 기다려 주어야 한다. 자신이 선택한 결과에 책임을 지고, 경험을 통해서 배울 기회를 주어야 한다.

판단과 결심의 과정이 숙달되면 일상 생활에서도 문제 인식부터 결심까지가 논리적인 사고로 이어진다. 이러한 논리적 다이어그램의 내면화는 AI의 논리회로에 대한 이해와 접근성을 강화한다.

인생은 결심의 연속, 모든 결정은 연결된다

-오타니[43]의 만다라트

뚜렷한 목표를 설정하면 준비할 것과 노력해야 할 것들이 명확해진다. 그러면 준비해야 할 것들의 우선순위를 선정하고 절약과 집중을 통해 제한된 시간과 자원을 할당해야 한다. 거기에 로드맵을 그리고 달성해야 할 중간 목표를 설정하고 진행 과정 중간에 부족한 것이 무엇인지 확인하고 보완한다. 그 안에 또 작은 목표와 결심이 필요하다. 일상 생활부터 인생 전반에 걸쳐 작은 결심은 계속되고 서로 영향을 준다.

작은 결심들과 노력이 하나의 커다란 목표를 향해 영향을 주고 시너지효과를 내고 있다는 것을 알아챘다면, 작은 목표들과 그 목표 달성을 위해 노력했던 짧은 시간이 인생 전체에 영향을 미친다는 것을 깨닫게 된다. 그리고 그 시간의 소중함을 자각하고 인생의 매 순간에 몰입할 때, 나는 비로소 내 인생 전체의 주인이 된다.

이것을 보여주는 살아 있는 예는 매일 미국 MLB의

---

43 메이저리그의 슈퍼스타 '오타니 쇼헤이(大谷翔平)'는 미국 야구 LA 다저스 (2023년, 역대 최고액 $700M/10년 계약)에서 활약하는 선수로 메이저리그 역사상 보기 드문 투타 겸업 선수이다. MLB MVP 2회 수상 (2021, 2023) 압도적인 자기 관리 능력과 목표 설정법으로 유명하다.

역사를 새롭게 쓰는 오타니 쇼헤이와 그가 활용한 '만다라트(Mandal-Art)'다. '만다라트'는 산스크리트어(범어)의 'Manda(본질)'와 'la(소유)'에 'art(기술)'를 합친 말로 '본질을 소유하기 위한 기술', 즉 목표 달성을 위한 기술이라는 뜻이다.

몸관리	영양제 먹기	FSQ 90kg	인스텝 개선	몸통 강화	축 흔들지 않기	각도를 만든다	위에서부터 공을 던진다	손목 강화
유연성	몸 만들기	RSQ 130kg	릴리즈 포인트 안정	제구	불안정 없애기	힘 모으기	구위	하반신 주도
스테미너	가동역	식사 저녁7술갈 아침3술갈	하체 강화	몸을 열지 않기	멘탈을 컨트롤	볼을 앞에서 릴리즈	회전수 증가	가동력
뚜렷한 목표·목적	일희일비 하지 않기	머리는 차갑게 심장은 뜨겁게	몸 만들기	제구	구위	축을 돌리기	하체 강화	체중 증가
핀치에 강하게	멘탈	분위기에 휩쓸리지 않기	멘탈	8구단 드래프트 1순위	스피드 160km/h	몸통 강화	스피드 160km/h	어깨주변 강화
마음의 파도를 안만들기	승리에 대한 집념	동료를 배려하는 마음	인간성	운	변화구	가동력	라이너 캐치볼	피칭 늘리기
감성	사랑받는 사람	계획성	인사하기	쓰레기 줍기	부실 청소	카운트볼 늘리기	포크볼 완성	슬라이더 구위
배려	인간성	감사	물건을 소중히 쓰자	운	심판을 대하는 태도	늦게 낙차가 있는 커브	변화구	좌타자 결정구
예의	신뢰받는 사람	지속력	긍정적 사고	응원받는 사람	책읽기	직구와 같은 폼으로 던지기	스트라이크 볼을 던질 때 제구	거리를 상상하기

오타니 쇼헤이의 만다라트

오타니는 인생의 목표와 그것을 위한 작은 목표들, 작은 목표를 위해 해야 할 노력과 시간을 정리했다. 그는 고교 시절 자신의 핵심 목표를 '8개(일본 프로야구) 주요 구단의 드래프트 1차 지명을 받는 것'으로 정했다. 물론 그 목표는 일찌감치 넘어 세계 최고의 리그에서 영입 1순위이다. 핵심 목표 8개 중 6개는 야구 선수로서 자질을 향상하기 위한 목표와 노력이다. 그런데 인간성과 운은 이 책에서 이야기하는 공공선, 사회적 책임과 연관되는 내용으로 그를 한 분야의 전문가로서만이 아니라 한 명의 훌륭한 인간으로 바라보게 한다.

그는 인간성이라는 목표를 달성하기 위해 감성, 배려, 예의, 계획성, 감사, 사랑받는 사람, 지속력(꾸준한), 신뢰받는 사람이라는 구체적 실행 방안을 설정하고 실천했다. 운을 달성하기 위해 행한 노력은 정말 참신하다. 인사하기, 쓰레기 줍기, 운동부 청소, 물건 소중히 쓰기, 심판을 대하는 태도, 긍정적 사고, 응원받는 사람, 책 읽기 등 가정과 학교에서 배운 바른 행위를 쉽게 지나치지 않고 그 의미를 되새겨 자신의 성공(운)과 연결해 생각했다. 그리고 실천했다.

오타니는 2024년 MLB 최초 '50(홈런)-50(도루)'을 달성하고 미국 진출 7년 만에 양대 리그 MVP를 세 차례나 차지하며 미국 야구 역사를 새로 쓰고 있다. 하지만 그의 팬들은 아직도 경기 후 팬에게 인사하고 주위에 버려진 쓰레기를 주워 쓰레기통에 넣는 그의 변함없는 겸손함과 바른 행동에 감탄한다. 그에겐 운도 실력이고 실력도 운이다. 실력을 위해서는 '운'마저도 얻기 위해 노력하지만 실력으로 경기에 패배하면 운이 없었기 때문이라며 후회와 미련을 빨리 잊는 강한 정신력을 지녔다.

우리도 집에서 아이와 만다라트를 작성해 보자. 처음 시작은 한 달, 일 년 주기로 작은 목표를 선정하고, 지(智)·덕(德)·체(體)가 포함되도록 고르게 실천 사항을 분배한다.

가장 중요한 것은 꾸준함이다. 목표가 거창하고 실천해야 할 것이 너무 비현실적이면 지속되지 못한다. 너무 큰 부담으로 포기하지 않되 동기부여가 되도록 개인 의지와 부모의 관리가 필요하다. 매일 쓰는 그림일기에 작은 칸을 마련하여 실천 여부를 확인하고, 놓친 것이 있다면 약식으로라도 하루가 가기 전에 마무리해 목표 달성의 중요성을 알려주어야 한다.

4장
부모로서
마인드 셋

요즘 물고기 잡는 법? 부모도 몰라요

X세대, MZ세대 때도 준비되지 않은 미래

미래 발전 분야를 정리한 STEM은 1990년대 초부터 교육계의 방향성 모색을 위해 개념이 정립되었고, 2000년대 초 체계적인 발전의 필요성이 요구되기 시작했다. 우리나라에서는 2010년대 STEM에 대한 교육계의 관심, 국가 주도의 IT산업 발전을 위한 인재 육성 방안으로 주목받았고, 이후 적극적으로 투자되기 시작했다.

특히, 국내에 부족한 이공계 인재를 흡수하기 위해 교환학생과 이민자들에게 비자 우선권을 주는 정책을 실행해 왔다.

2023년부터 2027년까지 진행되는 〈스터디 코리아

300K)[1]에서도 STEM 관련 해외 인재 유입을 위한 노력을 엿볼 수 있다. 여기서 한 가지 의문점은 '한국의 미래 발전 분야에 인재가 부족한가, 해외에서까지 인원을 영입할 필요가 있을까?', '한국만이 아니라 전 세계적으로 관련 분야 인재가 부족한가?'이다.

미국의 경우 STEM 관련 분야 인력이 아직 부족하다고 판단한다. 관련 분야 소요 인력은 2030년까지 11%, 앞으로 30년간은 79%가 증가할 것이며, 청정에너지, 정보기술, 방위, 첨단 제조 등 핵심 산업 분야에 전체 고용의 40%가 필요할 것이다. 이공계 외에도 비즈니스 분석 분야, 제도 개선, AI 윤리, 인사 경영 등의 수요를 예상한다.[2]

미래 분야에 대한 수요가 예상되지만, 우리나라에서 아직 STEM 분야에 적극적인 접근을 하지 않는 데에는 크게 두 가지 이유가 있다. 지금 눈앞에 보이는 현실이 아직 피부에 와닿지 않고, 대학 전공과 사회 전문 분야에 대한 남녀 불균형이 작용하고 있는 것이다.

---

1 2023년부터 2027년까지 30여만 명의 글로벌 교환학생 및 유학생을 대한민국의 대학에 유치하겠다는 교육부 프로젝트. 지역 대학들을 활성화할 뿐만 아니라, 영주·귀화 취득 패스트트랙 제도를 통해 석박사급 과학기술 인재의 국내 정착 유도 목적으로 시행.

2 MIT(2022), *Artifical Intelligence and Vobs: Evidence from online Vaeancies.*

먼저, 자녀 교육과 관련하여 부모 세대가 미래 기술 변화를 피부로 느끼지 못하고 근시안적인 시각을 가지고 있거나 우수 이과생들의 의대편향같이 당장의 삶을 사는 것에만 집중하는 경우가 있다. 다소 불편한 연구 결과지만, 자녀 교육의 방향성을 미래지향적으로 설정하는 것이 부모의 소득수준과 비례한다는 연구 결과도 있다.

우리나라에는 아직 사회적 조사가 나와 있지 않지만 미국의 경우에는 연간 수입이 $25,000 이하인 가정에서는 57% 이하의 부모들이 STEM과 연관된 정보를 알고 자녀 교육에 신경 쓰고 있으나, 연간 소득 $200,000 이상인 부모는 90% 이상이 STEM 관련 교육에 자녀를 접근시키고 있다. 접근성의 불평등이 존재하는 것이다.[3]

우리나라의 경우, 급격한 인구 구조 변화 속에 놓여 있고 생산연령인구(15~64세)가 2020년을 기점으로 감소하기 시작했으며 이러한 현상은 앞으로도 지속될 것으로 예상된다.

그중에서 우리나라의 기이한 현상은 청년 절반(49.4%)이 전공과 일치하지 않는 직장에 취업하고 졸업 전에 전공 관련 직업 교육을 경험하는 비중이 9.1%에 불과하다

---

3   National science & Engineering Indicators(2023).

는 것이다.[4]

즉, 관심도 없는 분야에 부모의 강요, 당시의 취업 전망, 일단 대학 입학을 목표로 대학에 들어가 반 이상이 원하지 않는 것을 배우며 시간을 낭비하는 것이다.

다음으로 STEM 분야의 남녀 불균형도 미래를 대비하는 세대에 문제점이 될 수 있다. 이공계의 여성 학생은 여성 사회 진출의 증가로 90년대 후반 남녀 성비가 7:3으로까지 확대되었다. 하지만 2024년 현재도 우리나라 이공계의 남녀 성비는 7:3이다.[5]

이마저도 이공계에 의료, 섬유, 예술-과학 융합 분야를 포함한 것이지 순수 이공계, 공과대학의 남녀 비율은 8:2(금오공과대학), 9:1(카이스트)로 불균형이 심하고, STEM 관련 학위 취득에는 남성 비중이 60.3%, 박사학위는 78.1%이다.[6]

미국의 경우, 이공계에 대한 여학생들의 관심은 11살 때부터 남녀 비율이 비슷해지기 시작하여 중학교 때 5:5까지 상승하지만, 그 이후에는 관심이 떨어져 여성의

---

4   "[ET시론] 대한민국의 '그냥 쉬는' 청년들에게", 〈전자신문〉, 2024.09.24.

5   류용환, "남녀공학 대학이지만… 카이스트 '男' 경동대 메디컬캠 '女' 쏠림", 〈브릿지경제〉, 2023.10.29.

6   대학지성 In & Out(http://www.unipress.co.kr)

STEM(예술계 제외) 관련 종사자는 27%, 컴퓨터 네트워크 분야에는 8%만이 종사한다.[7]

다른 나라도 크게 다르지는 않다.[8] 상식적으로 남녀 차별 지수, 사회발전 정도에 따라 이공계(STEM) 분야 남녀의 비율에 차이가 있다고 예상하나, 오히려 남녀 차별 지수가 높은 나라에서 이공계 여학생 및 관련 업계 종사자 비율이 높은 경우가 다수였다.

연구 결과에 대한 다양한 해석이 있다. 공통적인 결과로 여성이 선호하는 분야가 존재하며, 사회가 발전할수록 업종에 따른 소득 불균형이 감소하고, 복지제도가 뒷받침된다는 것이다. 그것은 사회가 발전할수록 '좀 더' 나은 소득보다는 선호하는 업종을 택하고, 반대로 사회가 발전하지 않고 현실이 치열하다면 적자생존을 위해 전망과 이익을 선택할 수밖에 없다는 것이다.

---

7   Youki Terada, *The ID most significant Education studies od 2023*, edutopia, 2023.12.07.

8   Stoet, Gijsbert and David C. Geary(2018), *The Gender Equality Paradox in Science, Technology, Engineering, and Mathematics Education*, Psychological Science. 이 논문에 따르면 남녀 차별 지수, 사회발전 지수가 높은 북유럽 국가보다 알제리를 비롯한 아프리카와 사우디 등 아랍국가 STEM 분야 여성 종사자 비율이 높았다.

시간과 노력을 낭비하게 하는 대한민국 부모

10년 전쯤, 4차 산업혁명에 대비해야 한다는 학부모들의 불안감이 퍼지고 눈치 빠른 학원들은 다가오는 미래를 준비해야 한다며 아이들에게 코딩과 3D 프린트, 드론 자격증을 따야 한다고 부추겼다. 하지만 지난 10년간 코딩은 AI로 쉽게 작업을 할 수 있고, 3D 프린터는 자격증이 필요 없는 기술이 되었다.

기술의 발전은 가속도가 붙고 있고, 눈앞에 보이는 기술은 아이가 자라면 더 이상 신기술이 아니게 된다. MIT에서 발표한 직업 동향에는 앞으로 10년간 821,300개의 새 직업이 생길 것이고, 그 이후 기술의 발전으로 지금까지의 개념으로는 생각조차 할 수 없는 일자리가 생긴다고 예측했다.[9] 또한 빅데이터, AI 공학 등 2030년에 필요한 일자리는 현재 개념조차 존재하지 않는다고 한다.[10] AI와 시대적 변화에 인간의 방향성을 다룬 『사피엔스(Sapiens)』(2015)의 저자 유발 하라리(Yuval Noah Harari) 교수[11]는 극

---

9   Smart Asset(2022).

10   Dell(2023).

11   1976년생, 이스라엘 출신, 옥스퍼드 대학교 박사학위(2002, 중세 전쟁사 전공) 취득, 역사학자, 철학자, 작가로 현재 히브리 대학교(Hebrew University of Jerusalem) 역사학 교수로 재직 중이며, AI, 빅데이터, 생명공학이 인류를 분열시키거나 통제할 수 있다고 우려했다. 버락 오바마,

단적으로 '우리의 자녀가 40대가 되는 2050년에는 학교에서 배운 내용 중 90% 가까이가 쓸모없을 확률이 높다'라고 했다.

미래 아이들에게 필요한 것은 지금 바다에 나가서 물고기를 잡는 방법이 아니라 바다에 나갈 나이가 되었을 때 물고기 잡는 방법을 배울 수 있는 역량이다. 특히, STEM 분야에서 강조하는 능력과 미래 기술 발전이 추구하는 방향은 융합이기 때문에 과학기술을 중심으로 융합 역량을 키우는 일이 중요하다. STEM 지식을 사회, 문화, 환경 등으로 연결하고 확장할 수 있는 융합 역량의 필요성에 따라 우리나라 교육계에서도 '융합 인재 양성'에 대한 관심이 점점 더 중요하게 언급되고 있다.[12] 기술의 변화는 VR 등을 활용한 가상현실, 증강현실, 메타버스를 가능하게 하여 시·공간적인 제한을 극복하게 하고, 빅데이터와 인공지능은 맞춤형 개별학습으로 학위와 자격증의 경계를 허물 가능성이 크다. 하지만 경제적 격차에 따른 기술 접근성의 양극화, 기술 거부감에 따른 부적응 및 '낙

빌 게이츠, 마크 저커버그 등이 추천한 세계적 베스트셀러 작가이자 강연자로 TED 및 WEF(세계경제포럼) 등에서 미래에 대한 철학적 통찰을 제공했다.

12 한국과학창의재단, "대세는 융합, STEM 인재를 키우는 STEAM 교육", 2024.09.22.(https://www.ibric.org/)

오 세대'[13] 출현, 뉴미디어 세대의 뇌 변화에 따른 주의 집
중 시간 단축 등의 부작용이 발생할 수 있으므로 이에 대
비해야 한다. 무엇보다 중요한 것은, 기술은 변하지만 교
육의 본질은 변하지 않음을 잊지 않는 것이다.

13 박세진 외(2021), 「초등학생의 디지털 역량과 디지털 격차에 대한 교사의
    인식」, 『학습자 중심 교과 교육 연구』 21(16), pp. 479-492. 이 외에도
    기술 접근성의 격차가 '낙오 세대'를 만들 수 있다는 우려는 과장이 아니다.
    실제로 Barragán Moreno & Guzmán Rincón(2025)은 디지털 격차가
    대학생의 중도 탈락률을 유의미하게 증가시키는 요인임을 시스템 모형으로
    입증했다.

집에서 쉽게 할 수 있는 AI시대 육아법, 꾸준해야 한다

**티칭(teaching)은 학교와 학원에서
코칭(coaching)은 집에서**

미래를 맞이할 메타키즈를 위해서는 '교육'의 개념을 재정립해야 한다. 그리고 (특히 대한민국의 공교육에 대한 불신은 이미 깊이가 남다르지만) 학교 기관과 학원에 교육을 위임하지 않고 부모로서 자녀가 미래를 위한 준비를 할 수 있도록 코칭(coaching)해야 한다.

코칭(coaching)은 티칭(teaching)과는 다른 개념이다. 쉽게 이야기하면, 학교에서 모든 아이에게 공통된 사항을 가르치는 것을 티칭이라고 한다면 코칭은 축구 감독이 선수의 특징과 능력을 알고 적재, 적소, 적시에 선수에게 이기기 위한 지시를 하면서 평소에는 그에 맞는 연습, 훈련을 시키는 것이다.

즉, 우리는 학교와 학원 선생님에게 티칭을 위임했다면 집에서는 부모로서 자녀를 코칭해야 한다. 앞으로 빅데이터와 인공지능이 교육에 상용화된다면 패러다임이 바뀌겠지만 개인적인 특성을 파악하고 지속적으로 코칭을 해줄 수 있는 것은 아직 부모밖에 없다.

'집안일만 해도 바쁘고, 맞벌이 부부로 자녀에게 미안함을 느끼면서도 사교육에 모든 걸 위임할 수밖에 없는 현실에 아이를 위한 코칭의 역할은 부모밖에 할 수 없다'라고 한다면, 이 글을 읽는 부모는 낙심하거나 다른 사례를 들며 날 선 비판을 하려 할 수도 있다. 그럼에도 같은 맞벌이 부부 입장에서 감히 이야기하고 싶은 것은 절대 학교 교육과 학원 교육으로 대체할 수 없는 영역이 있다는 것이다.

'가정 교육'의 영역에서는 그 어떤 교육으로도 대체할 수 없는 육아법으로 부모는 아이를 위해 지속적으로 코칭해야 한다. 그렇기에 이 글에서 나는 아이들과 먹고 자고 쉬는 동안에 할 수 있는 현실적인 방법을 정리하였고, 관심과 의지만 있다면 절대로 어렵고 거창하지 않은 방법들을 제시했다.

무엇보다 중요한 것은 부모의 마음가짐(mind setting)

과 지속성이다. 꾸준히 '할 수 있다'라는 다짐과 '간절히 원하면 우주를 움직일 것이다'라는 『연금술사』(파울로 코엘료, 2018)의 간절함, 긍정의 마인드로 기대를 현실화하는 '피그말리온 효과'[14]같이 오직 관심과 간절함만 있다면 아이를 위한 코칭은 충분히 가능하다. 그리고 이 글에서는 '왜? 무엇을? 어떻게?'를 설명하고, 다양한 논거를 기초로 설명하기 위해 노력했다. 이제 남은 것은 미래 아이를 키우는 부모의 마음가짐과 실천이다.

불확실한 미래와 더 불안한 교육

'지피지기(知彼知己)면, 백전불태(白戰不殆)'라는 『손자병법서』의 구절처럼 아무리 미래를 대비한 능력이 중요하다고 강조되고 새로운 개념이 쏟아지더라도 우리의 상황에 맞지 않으면 결국 위태로워질 것이다. 특히, 우리나라만큼 조기교육과 입시경쟁에 초점이 맞춰진 교육 환경에서는 미래를 준비하는 메타키즈의 역량들이 그다지 와닿

---

14   피그말리온 효과(Pygmalion Effect): 타인의 기대가 실제 성과나 행동에 영향을 미친다는 심리학적 현상. 고대 그리스 신화의 피그말리온이 조각상에 사랑과 기대를 품자, 그 조각상이 진짜 인간으로 살아났다는 이야기에서 유래. 1968년 미국 심리학자 로젠탈(Robert Rosenthal)과 교사 제이콥슨(Lenore Jacobson)이 초등학교에서 수행한 실험 결과로 교사의 기대에 따라 해당 학생들의 성적이 실제로 향상되는 연구결과를 발표했다.

지 않을 수도 있다. 하지만 더 이상 간과할 수는 없다. 이공계 노벨상 하나 없는 대한민국 교육 현실에 비통해하면서도 지금까지는 입시전쟁만으로 대기업에 취직하고, 공무원이 되고, (일부는) 의사, 변호사가 되어 먹고살 수 있었다. 하지만 이제는 더 이상 이렇게 배우고 자라서는 미래에 먹고살 수 없다. 사람을 보는 시각이 승자 또는 패자로 나뉘고, 경쟁만을 내면화한다면 그 사람은 더 복잡하고 협업 없이 살 수 없는 세상에서 도태될 것이다. 무엇보다 당장 5년 뒤, 10년 뒤에 전혀 다른 기술로 살게 될 우리 아이들이 세상에 적응할 수 없게 될 것이다.

우리에게 부족한 능력 찾기:
대한민국 교육

유교문화가 망쳐버린 한국 교육문화-시험

'시험'의 목적은 피시험자의 능력과 성취도를 판단하여 그 결과를 바탕으로 부족한 부분은 보완하고, 잘하는 부분은 발전시키는 것이다. 그리하여 결국 잘하고 좋아하는 분야의 진로를 선택하게 하여 사회 발전에 이바지하도록 하는 것이다. 하지만 유교적 세계관에서는 여기서 핵심적인 '좋아하는', '잘하는' 부분이 빠져 있다.

조선시대에는 유교 경전(사서삼경부터 기타 역사서) 내용을 기준으로 모두 같은 내용을 암기하고, 이를 바탕으로 (나름대로 논리적 서술을 하여 평가하였다고는 하지만) 당시 국가 경영의 방향을 결정하고, 천편일률적인 잣대로 평가하였다. 과거시험이 양인 이상 계층의 유일한 사회적 성공 방안이었는데 시험은 3년에 한 번밖에 없어 수많은 젊은 피의 인생이 낭비되었다.

과거의 사회적 상황이 있고 나름대로 이유는 있었겠지만 조선의 유교 시험문화는 근대기를 거쳐 현재까지 이어졌다. 특히 서열문화는 '객관적인 평가 기준'이라는 명목하에 계속되었다. 그런데 앞으로는 시험이 '현재의 학습 진도를 잘 이해했는가?' 외에는 그 어떤 척도가 되지 않을 것이다.

미래는 본인의 관심이 없으면 절대 할 수 없는 기능과 기술을 요구하기 때문에 '관심(좋아하는 것)'과 '집중(열정)'이 필요하다. 분야가 방대하고 다양해 시험을 통한 서열 또한 큰 의미가 없다.

대신 본인이 원하는 분야에서 대학 수준의 고등 교육이 필요하다면 시험을 쳐야 할 수도 있다. 그렇다면 시험 또한 관련 분야에 필요한 자질이나 해당 분야에서 필요한 적응 능력을 평가할 수 있어야 하는데, 우리나라는 아직도 그 시대의 천편일률적인 시험방식을 고수하고 있다. 심지어 2024년의 아이들은 중학교 1학년까지는 (도저히 따라가기 어려울 만큼 수시로 변하는 교육정책의 결과로) 학교에서 시험을 보지 않는다.[15] 물론, 교육 전문가들이 미래지향적으로 노력하고 있겠지만, 학교 교육제도에 대해 학부모가 느끼는 불안감은 사교육에 의존하는 결과를 초래한다.

무엇보다 큰 문제는 부모에게 있다. 시험과 평가 그리고 한 줄로 세우는 서열문화에 익숙한 부모 세대는 자식들도 평가받게 하고 싶다. 평가를 받지 않는다는(현재의 수준을 알지 못한다는) 불안감은 각종 경시대회로 몰리는 현상으로 나타난다.

그런데 경시대회는 무엇인가? 특정 분야에 자질이나 재능이 뛰어난 아이들의 능력을 평가해 특수 교육을 받을 수 있도록 선별하는 대회이다. 하지만 어떻게든 내 아이도 평가받게 하고 싶은 또는 시험의 긴장감에 적응하게 하고 싶은 부모의 욕심에 특출난 재능을 보이지 않는 아이를 억지로 시험에 내보내 흥미를 잃게 만들고 있다. 각종 공식을 암기시키는 사교육을 해서라도 내보낸 시험에서 낮은 점수를 받으면 아이보다 부모가 더 실망하고 불안감을 느끼면서 '더 나은 (사)교육'을 알아보든가 아이를

15 미국도 시험 스트레스 완화, 교육의 유연성 증대, 창의성과 깊이 있는 학습 기회를 저해한다는 이유로 "More Teaching, Less Testing Act of 2023"이라는 법안을 제안하여 초등학교 시기 표준 시험 부담을 낮추고 혁신적 평가(예: 프로젝트, 포트폴리오 등)를 확대하는 방향으로 시험에 대한 기준이 바뀌고 있다.

비난하는 최악의 결과가 발생하기도 한다.

강남에서는 ○소, ○마와 같은 수학 학원이나 영어 유치원 게○○, P○○에 보내지 못하면 불안해하고 실망하는 학부모들을 심심치 않게 볼 수 있다. 지방에서도 서울 못지않게 사립 영어 유치원이나 사설학원에 보내지 못하면 부모들이 불안해하며 아이의 미래를 걱정한다. 그리고 그게 아이를 위한 부모의 역할이라고 생각한다.

나는 개인적으로 논문 지도, 진로 상담 등으로 청년들과 면담할 기회가 많았다. 대부분 막 대학을 입학했거나 고등학교 이후 바로 사회에 진입한 20대 초반의 청년들이었다. 그들과 이야기를 나누며 공통적으로 관찰한 특징이 하나 있었는데, 바로 학생 시절에 부모님 주도로 사교육을 과도하게 경험한 청년일수록 '자율적 결정'에 어려움을 겪는다는 점이었다.

물론 이는 전적으로 개인적인 관찰에 기반한 내용이며 일반화에는 한계가 있다. 그러나 흥미로운 것은 이들의 공통점이 심리학 및 교육학 연구에서 다뤄진 내용과도 연결된다는 것이다.

예를 들어, 고형순은 학원 과외 학습이 아동의 스트레스를 높이고, 자기 주도적인 사고보다 수동적 대응을 강화할 수 있다는 연구 결과를 발표했다.[16] 또한 기효정은 부모나 교사의 심리적 통제는 청소년의 사회불안을 높이고, 독립적인 판단보다 '정답을 요구하는 환경'에 익숙해지도록 만든다고 분석했다.[17] 내가 만난 몇몇 청년들은 학생 때는 명문대 입학이라는 목표 아래 학원을 전전한, 누구보다 '성실한 수험생'이었지만 막상 성인이 되어 무엇이든 스스로 결정해야 하는 상황에서는 깊은 불안을 느꼈다. 자유시간은 오히려 불편한 시간이었고, 누군가 계획을 짜주지 않으면 방황하거나 '쉬는 법을 모르는' 상태에 빠지곤 했다. 자기 주도성이 필요한 과제 수행에서 작은 실패에 크게 낙심하거나, 동료나 후배의 작은 실수에 과도하게 민감해지는 사례도 있었다. 이는 부모나 외부의 기준에 의해 주도된 학습 환경이 자율성과 실패에 대한 관용을 약화했을 가능성을 시사한다.

우리는 자녀를 키우면서 자녀의 미래를 누가 불안해하는지 생각해 보아야 한다. 유치원이나 학교에서 아무

16　고형순(2001), 「학원 과외 학습이 아동의 스트레스에 미치는 영향」, 제주대학교 교육대학원 석사논문.

17　기효정(2016), 「중학생이 지각한 부모의 심리적 통제가 사회불안에 미치는 영향」, 『청소년학연구』 제23권 8호, pp. 331-355.

것도 안 하는 것 같은 아이들이 유치원과 학원에서 무엇을 했는지 얼마나 힘을 쏟았는지 생각하고, 집에서 무엇을 하고 싶어 하는지 알아야 한다. 도저히 아이가 유치원과 학교에서 무엇을 하고 왔는지 모르겠다면 역지사지(易地思之) 정신을 발휘해 보면 된다.

오늘 하루 종일 일터에서 열심히 일을 하고 온 당신에게 '쉬지 말고 집에서 책 읽고 공부하라'고 한다면 당신은 하고 싶겠는가? '하라는 것이 공부밖에 없는데 그게 뭐가 어렵냐?'라는 질문은 '하라는 건 돈 벌어 오는 거 말고 없는데 이만큼밖에 못 벌어?'라는 질문과 다를 바 없다는 것을 알아야 한다.

다행히 아이가 자기가 할 일을 깨닫고 알아서 한다면 더할 나위 없지만, 그렇지 않다면 나를 닮은 것이다. 내가 안 그랬다면 사랑하는 아내나 남편이 어렸을 때 그랬던 것이다. 원하지도 않은 세상에 나를 닮게 낳아놓고 왜 그들을 괴롭히는가?

아이들은 부모와 함께한 시간을 즐거웠던 기억으로 추억해야 하고, 학교나 유치원 다녀오면 할머니, 할아버지, 엄마, 아빠가 보고 싶고, 잠들면서 내일이 기대되어야 한다. 집에 오면 부모가 시키는 것을 해야 하고, 못 하면 혼나고, 시키는 것이 없으면 불안해하면서 아무것도 안

(못) 하는 아이들은 자신감이 결여돼 자기 자신이 원하는 것이 무엇인지 생각하는 힘(메타인지)을 잃게 된다. 그게 오늘날의 현실이다.

유교 정신을 잃어버린 한국 교육문화
-예악(禮樂)과 공익(公益)

2010년대부터 미국에서도 STEM에 대한 열풍으로 관련분야에 관심이 늘어나 교육 내용과 방법에 변화가 있었다. 현재 STEM 교육에 문제가 제기되는 것은 사회성과 감수성 저하다. 그래서 'STEM'에 미적 영역(ART)을 포함한 'STEAM'으로 감수성과 미적 감각을 키우고 협업 능력을 발달시키려고 노력하고 있다.[18]

우리나라의 경우 유교에 관계를 중시하는 예(禮)와 미적 감각을 중시하는 악(樂)의 전통이 있지만 서서히 잊혀지고 있다. '예악'의 경우 우리나라는 전통적으로 풍류를 즐길 줄 알았다. 이는 오늘까지 이어져 그룹 BTS, 〈K-POP 데몬 헌터스(K-POP Demon hunters)〉(2025) 같은 K-문화를 유행시키고 있으나 정작 학교에서는 미적 감수

---

18 F. J. Perales 외(2001), *The STEAM approach: Implementation and educational implications in the European context*, Arts Education Policy Review vol. 123, no. 4, pp. 234-245.

성에 대한 교육을 등한시한다. 물론 개인적인 관심과 취향에 따라서 악기를 배우기는 하나 중학교 이후에는 입시교육에 밀려 예체능 수업은 점점 그 자리를 잃어가는 실정이다. 가족들이 함께 악기를 다루며 서로 공감하고 화성을 만들어 내는 여유와 교감은 학교로 미루고, 학교는 사회로 미루고, 사회는 연예인에게 미룬다.

시대에 안 맞는 유교를 다룬다고 이야기할 수도 있지만, 흔히 '윤석열 나이'라고 하는 만(萬) 나이를 도입하는 것만으로도 우리나라는 떠들썩했다. 그 정도로 유교문화는 우리 근간이자 현재에도 사회 전반에 깊숙이 영향을 미치고 있다. 그럼에도 유교의 기본 정신인 화합과 평화에 중요한 '관계'에 대해서는 외면하고 있다.

'수신제가치국평천하(修身齊家治國平天下)'라는 유교의 근본 원칙은 조선왕조를 600여 년이라는 세월 동안 유지하게 한 원동력이었다. '관계'라는 측면에서 살펴보면, 자신과 세상의 관계를 정립하고 타인과의 관계를 올바르게 하여 세상을 평화롭게 한다는 것이다.

유교에서는 관계에 필요한 것을 성(誠)[19]이라고 한다.

---

19 '용(中庸)', '삼달덕(三達德)'과 '오달도(五達道)'를 실현할 수 있도록 하는 덕목이 하나 있으니 '성(誠)'이라 한다.

성(誠)은 진실, 참됨, 순수한 정성 등으로 설명할 수 있다. 나에게 참되고 타인을 대하는 것에 진실되고 조직에 순수한 마음으로 정성스러우면 그 관계는 올바르며 화합하고 평화롭다는 가르침이다.

하지만 공간적 한계를 초월하여 관계를 맺고 있는 오늘날에는 많은 것이 뒤틀려 있다. 우선, 우리 아이들은 자신에게 참되지 않다. 네트워크(network)상에서 타인에게 보이는 모습으로 인정받고 싶어 타인을 모방하려 하지만 그 타인조차 대부분이 허세와 연출로 비현실적인 모습을 꾸며낸 것이다. 결국 모두가 무언가 보여줘야 한다는 강박감에 우울증이 오고 비교의 연속으로 삶이 괴롭다.

타인과의 관계는 대면, 비대면, 가상의 관계로 점점 다양해지면서 자아가 분리되어 가고 있다. 만나는 수단, 방법, 공간에 따라 말투부터 태도 또는 정체성까지 변화하며 관계를 형성한다. '인스타그램(Instagram)'에서는 너무나도 외향적인 성격이지만, 실제로 만나면 낯을 가리고 말 한마디 타인과 못 하는 경우가 많다. 이것은 그다지 큰 문제가 될 것 같지 않지만 사회적인 문제, 공익을 해치는 것은 이런 작은 것부터 시작한다.

청소년인 학생과 성인으로서 사회생활을 갓 시작하는 대학생, 직장인들이 가장 많이 문제를 저지르는 것이 바

로 사이버 범죄다. 중고 거래 사기, 게임 채팅방 욕설, 성
추행으로 고소를 당하거나 불법 사이버 도박으로 벌금을
물고 심지어 구속되는 일도 있다. 드물게는 암호화 화폐
스캠(Scam) 범죄도 일으킨다.[20]

　과연 이들은 범죄자 같은 외모와 특성, 성격을 가지고
있었을까? 미디어에 공개된 현실은 예상을 벗어났다. 가
족도 친구도 그의 또 다른 자아에 대해서 모르는 경우가
많았다. 네트워크 세상에서는 왜 다른 사람이 되는지 스
스로 설명하지 못하는 경우도 있었다. 하지만 명확한 것
은 현실에서 바른 사람이고 네트워크 안에서만 그렇다고
변명을 늘어놓더라도, 다른 모습 또한 그 사람이라는 사
실이다.

　우리는 요즘 과거의 행동과 발언으로 소위 '나락 가
는' 연예인이나 SNS 인플루언서(influencer)를 종종 목격한
다. 기술이 발전할수록 네트워크의 기록은 더 이상 나와
따로 떨어진 공간에서 벌어진 일, 시간이 지나면 지워지는
흔적들이 아니다. 네트워크에서의 흔적은 지우기 어렵고,
지웠다고 하더라도 누군가가 복제, 유포하여 다시 퍼지는
경우가 많다. 결국 자신에게 화살로 돌아와 발목을 잡게

20　한국방송통신위원회의 보도자료, "청소년 42% · 성인 13% 사이버폭력 경
　　험", 2025.3.28.

된다. 그만큼 익명성에 대한 반감은 점점 높아지고 있고, 타인과의 관계에 공감대를 형성하고 대의를 갖지 않으면 비판과 비하를 피하기 어렵다.

결국 너무나 당연한 논리이지만 세상이 발전할수록 자기 관리를 바르게 하고 공익을 추구하지 않으면 타인과의 관계를 넓히거나 유지하기 어렵다는 것이다.

지금 우리나라를 비롯하여 세계적인 민심은 지극히 예민하고 감정적이며 선동에 쉽게 휘둘린다. 특히, 전쟁사와 식민지 시대의 역사를 살펴보면 기득권이 통치를 위해 사용했던 수단인 분할통치(segmentation policy)[21]가 쉬운 구조가 만들어지고 있다. 세대가 갈리고, 남녀가 갈리고, 지역이 갈리고 학벌이 갈린다. 이제는 소득이 갈리고 기술의 적응과 부적응으로도 나뉜다. 서로 귀를 막고 시야를 가리고, 화합보다는 어딘가 소속되었다는 순간의 안도감과 낮아진 자존감 충족을 위해 다른 이에게 상처를 주고 승리에 도취된다.

---

21 분할통치(Divide and Rule, Segmentation policy)는 지배 권력자가 피지배 집단 내부의 단결을 방해하고, 집단 간 갈등을 조장함으로써 전체를 더 쉽게 통제하려는 정치 전략이다. 이는 고대 제국부터 현대 식민지, 냉전 시대, 심지어 오늘날의 조직 문화나 정치 담론에까지 다양하게 활용되었다. 로마 제국 'Divide et impera' 원칙, 영국의 인도 식민지 통치 시 힌두교와 이슬람 갈등 조장, 프랑스의 알제리, 베트남 통치 시에도 이 전략이 사용되었다.

다가올 미래에는 다양한 매체와 조직에 대한 접근성을 이용하여 이런 분열과 선동이 더 쉬워질지도 모른다. 하지만 아이러니하게도 이런 진실의 왜곡에서 벗어나는 게 오히려 쉬울 수 있다. 내게 물리적으로 접근하는 사람이 없고, 내가 원하지 않는다면 언제라도 차단(disconnected)할 수 있기 때문이다.

어느 길을 갈지는 자신의 선택이다. 자본주의와 기술, 나를 덮쳐 오는 알고리즘의 권유에 주는 대로 입력하고 보고 싶은 것만 볼지, 한 걸음 물러나 다양한 의견과 근거들을 종합하여 분석할 수 있을지는 지금부터 습관처럼 길러지는 능력에 따라 좌우될 것이다.

이 능력은 학교와 학원에서 가르쳐 주지 않는다. 일상생활에서 어릴 때부터 부모의 관심과 모범을 통해서 자연스럽게 스며들어야 한다.

시대정신

사람이 자원인 나라, 그 자원을 고갈시키는 교육 환경

우리나라는 '인적자원밖에 없다'라고 말하면서 지속 가능성을 외면하고, 인적자원을 고갈시키고 있다. 우리는 예전부터 기름 한 방울 안 나오는 나라에서 할 수 있는 것은 사람밖에 없다고 들으며 자라왔다. 하지만 우리나라는 더 이상 아이를 낳지 않는다.[22] 스스로 자원을 고갈시키는 것이다.

아이를 낳지 않는 주변 사람들의 이야기를 들어 보면

---

22 과거 통계로 보면, 1960년대의 합계출산율은 약 5.95명 수준이었다. 시간이 흐르며 지속 하락하여, 2025년 현재는 세계에서 가장 낮은 수준(0.75명) 중 하나가 되었다.

아이를 키우는 것이 너무 힘들 것 같다고 한다.[23]

'돈이 많이 든다', '시간을 많이 빼앗긴다', '경쟁사회에 아이들이 괴로울 게 뻔한데 원망 듣고 싶지 않다' 여러 이유를 종합해 보면 결국 나의 성장기가 행복하지 않았다는 결론이다. 내가 불행했기 때문에 아이는 행복하게 해주겠다는 거룩한 생각을 가진 부모도 있지만, 눈앞에 수치로 드러난 출산율은 사회적 문제를 경험한 현재 세대가 본인이 불행했기에 아이들에게는 그 불행을 겪게 하고 싶지 않다는 것이다.

그렇다면 오히려 반대로 아이들을 행복하게 해주면 어떨까?

결과적으로 실패한 것은 이미 너무나 많다. 실패한 경제 정책, 실패한 교육 정책, 실패한 이번 인생 등등 그렇게 치열하게 공부해서 대학에 갔고 올림피아드 상위권 아이들이 세계적으로도 압도적으로 많은데도 이공계 분야에서 노벨상 하나 없는 나라, 대학만 가면 학생들이 전공은 접어 두고 취업 준비에 몰두하며, 대학에서도 우수 논문 대신 취업률을 자랑으로 삼는 나라. 미국에서는 아마존, 애플, 테슬라, 엔비디아 등 자국 내 국제기업의 순위가

---

23 J. K. Kim(2024), *Tackling South Korea's total fertility rate crisis*, PMC.

매년 변하지만 수십 년째 삼성, 현대로 이어지면서 새로운 시대를 주도하는 기업이 탄생하지 않는 나라.

그렇다면 더 이상 불안해하면서 어릴 때 심리적, 육체적으로 괴롭히지 말고, (건전하게) 놀다 지쳐 자기가 하고 싶은 전공에 맞는 대학에 가서 공부하도록 해야 하지 않을까? 이제는 아이들에게 짧은 인생 행복하고, 하고 싶은 것만 하게 해야 하지 않을까?

사회생활을 시작하고 회사 밖에서 만나는 사람들과 이야기를 해보면, 인(in) 서울 4년제 대학 다니다 온 사람은 10%도 되지 않는다. 나머지는 고등학교만 졸업했거나 지방대, 전문대를 나왔다. 하지만 그들도 직장 생활 등으로 다양한 분야를 배웠고 생각보다 많은 직장에서 그럭저럭 먹고산다. 학교 제자나 군 생활을 같이한 사람 중에는 성공해서 찾아오거나 성공 소식이 들려오는 경우도 있다.

세상이 그렇다. 모두가 의지가 있으면 먹고산다.

우리 기준으로 잘되면 좋겠다고 하는데, 그 잘되는 기준은 끝도 없다. 만족하지 못하면 행복하지도 않다. 자기가 하고 싶은 것을 위해 노력하다 보면 그 근처에서라도 목표를 달성하거나 그 비슷한 일을 찾는다. 그러다 우연히 좋아하는데 잘하기까지 하는 일을 찾기도 한다.

　나에게 해외 생활 관련해 자주 물어보던 지인은 해외 생활에 대한 열망이 있었다. 그는 군 전역 후에 일 년간 여행을 떠났다가 현지에 정착해서 여행사 가이드를 했다. 그러다 한류가 터졌고, 해외에서 한류 굿즈를 팔아 목돈을 만들어 한식당을 열었다. 지금은 현지 여행사, 식당, 한인 문화센터를 운영하며 살고 있다.

　인생은 모르는 것이다. 영어 한마디 못 하던 그는 인공지능 번역기가 나와 영어는 관두고 현지 언어를 조금 배운 것이 오히려 사업에 도움이 되었다고 했다.

　미술을 좋아했지만 경영학을 전공하던 한 학생은 연습장 한가득 그림 그리다가 태블릿 PC로 그림을 그리기 시작했다. 나중에 들은 소식은 온라인 쇼핑몰 직원으로 일하며 플랫폼에 이모티콘을 판매하였는데, 본업보다 수배로 소득을 올라 이모티콘 디자인 회사를 차렸다는 것이었다.

　경직되고 정해진 노선에 목메는 것보다 자기가 좋아하는 분야의 새로운 기술이나 변화에 적용하는 유연한 능력을 키우는 것이 필요한 시대다. 지금 하는 것을 관두라는 것이 아니라 언제 어떤 기술이 나올지 모르기 때문에 눈과 마음을 열고 적응할 수 있는 능력을 갖추라는 것이다.

이 두 사례의 공통점은 본인들의 계획에 대해 부모와 소통하고 부모의 지지가 있었다는 점이다. 언제나 자녀의 선택을 응원하고, 뻔한 가르침보다는 자녀의 성향과 성격을 이해한 가운데 코칭을 통하여 자녀가 질문하고, 소통하고, 스스로 결정하게 하는 것이 고기 잡는 법을 모르는 지금 부모들의 올바른 육아 방법이다.

엘리트 스포츠와 엘리트 교육

우리나라 교육계가 아이들의 정신 건강과 육체 건강을 고르게 이끄는 전인교육에 실패하는 원인을 찾자면 공교육의 입시주의와 예체능계의 엘리트주의를 들 수 있다. 앞에서 설명한 입시주의는 중고등학교의 예체능 활동을 저해하고 있고, 가장 왕성히 운동해야 할 청소년기 아이들에게 운동할 공간을 없앴다. 공급이 있어야 시설과 다양한 활동 수요가 있을 텐데 우리나라는 학교에서도 체육활동을 위한 운동장과 예능 활동을 위한 교실 투자가 적다.[24]

24 홍승연, 이해령(2023), 「학교체육 관련법의 정책화 지형과 현장의 모습: 서울시 중등학교를 중심으로」, 『한국여성체육학회지』 제37권 제2호, pp. 63-84.; 김영용 외(2022), 「체육활동 활성화를 위한 생활체육시설 규모 및 적정성에 관한 연구」, Asian Journal of Physical Education and Sport Science, 10(5), pp. 119-127.

　가까운 일본만 보더라도 학교마다 부서 활동을 위한 공간이 완비되어 있고, 수영장, 야구장, 축구장 등 각종 종목을 위한 체육시설이 학교를 선택하는 기준이 되고 있다.

　미국의 경우, 공항에서 착륙하는 비행기에서 내렸을 때 제일 인상적이었던 게 야구장과 미식축구장이 곳곳에 보이는 것이었다. 실제로 아이들이 놀 수 있는 놀이터 주변에는 어린이부터 성인까지 함께할 수 있는 운동장이 있었다. 그리고 수영장과 빙상장도 어렵지 않게 볼 수 있고, 학교와 지역사회에 개방하여 접근성 좋았다.

　우리나라의 경우는 어릴 때부터 운동선수를 희망하는 아이들이 각 종목에 특성화된 학교에 진학하여야 그 종목을 본격적으로 배우고, 평범한 학교 생활과는 다른 전문 선수 생활을 할 수 있다. 미술, 음악도 마찬가지로 어릴 때부터 예중, 예고에 진학하여야 한다. 개인적으로 조기에 재능을 발견, 발전시키는 것을 반대하는 건 아니지만, 엘리트 교육에만 집중하다 보니 다른 학생들은 기회조차 얻지 못하게 투자하지 않는 경우가 대부분이다. 결국 이것은 아마추어 스포츠의 저변 확대를 저해하고 스포츠나 예술계의 지지 기반을 잃는 부작용을 초래한

다.[25]

월드컵 축구에 열광하는 국민 중에 국내 축구 K-리그 경기를 보러 가거나, 평일과 주말에 TV, 인터넷 중계를 보는 경우는 얼마나 될까?

일본 고교 야구 리그인 고시엔과 미국 중고등학교 농구, 미식축구의 열기는 간단히 만들어진 게 아니라 접근성을 확대했기 때문이다. 예체능을 발전시키자는 것이 아마추어 저변 확대와 스포츠 산업 활성화를 위한 외침이라는 것은 곡해(曲解)다.

체력은 국력이고, 미적 감수성은 미래다.

그러나 현실은 많은 젊은 세대와 청소년들의 기초 체력이 부족한 실정이다. '학생 건강 체력 평가 시스템(PAPS)' 결과, 체력 최하 등급 학생의 비율은 2019년 12.2%에서 2021년 17.7%로 상승했고, 하루 60분 이상 운동하는 학생 비율은 남학생 23.4%, 여학생 8.8%에 불과했다.[26] 한국 청소년의 신체활동 실천율이 세계 146개국 중에서 꼴찌라는 조사 결과도 존재한다.[27] 이러한 통계

---

25 명왕성(2024), 「엘리트 체육 정책의 역설: 탈스포츠민족주의와 스포츠기본권의 근거」, 『한국스포츠사회 학회지』 vol. 37, no. 4, pp. 1-25.

26 김세훈, "대한민국 청소년 신체활동 성적표", 〈경향신문〉, 2023.12.07.

27 강준혁, "韓 청소년 신체활동 세계 146개국 중 꼴찌…실천율 13.4%", 〈한

는 청소년 시절 운동 경험이 적은 이들이 한창 건강해야 할 시기에 체력 부족을 겪을 수밖에 없음을 설득력 있게 보여준다.

요즘 세대가 그렇다. 아니 부모 세대가 그렇게 만들었다.

나이가 들어서 취미와 여가를 즐기는 것에 안일했던 현실에 안타까움이 느껴진다, 한편으로는 뒤늦게 건강의 중요성을 깨닫고 마라톤, 자전거, 등산을 열심히 하는 부모들이 '왜 아이들과 진작에 함께하지 못했을까?' 하는 아쉬움에 같이 운동하자고 권유하지만 아이는 더 이상 아이가 아니고, 때는 이미 늦었다.

미래를 준비하는 데 아이의 예체능 활동이 중요할까? 결론은 그렇다이다. 우리는 미래에 좀 더 오래 살 것이다. 건강하게 일해야 한다. 여가를 즐길 줄 알아야 한다. 다른 사람들과 소통할 수 있는 창구가 필요하다. 기계와 인공지능이 인간의 일을 대신하고 남는 자원과 시간은 결국 기계가 하지 못하는 인간들의 유희에 집중될 것이다. 운동선수가 되어 돈을 벌 수도 있고 관련 사업에서 이익을 창출할 수도 있다.

의신문〉, 2025.03.28.

　예체능은 스스로 즐길 줄 아는 미래 인간만의 활동이
다.[28]

28　OECD(2022), *The Future of Education and Skills 2030/2040*,
　　"Creativity, empathy, and social-emotional skills are emphasized
　　as future competencies that machines cannot replicate." 다음 주
　　소에서 확인할 수 있다. https://www.oecd.org/en/about/projects
　　future-of-education-and-skills-2030.html

나가며

**: 한 번도 경험한 적 없는 세상을 살아가게 될 아이,
'메타키즈'**

미래 아이를 위한 새로운 개념적 접근이 필요하다는 생각에 글을 쓰게 되었는데, 이 책의 본문에서 다룬 미래 역량은 새로운 것들이 아니다. 과거부터 현재까지 그 중요성이 항상 강조되어 왔던 것들이다. 단지 시대의 흐름에 따라 기술적 측면에서 강조의 강약이 변화되기는 했지만, 마치 패션트랜드와 같이 돌고 돌아서 그 필요가 사라진 적은 없었다.

공공선과 같은 가치 개념은 물질 만능주의, 2차 산업 혁명 이후에 중요성이 다소 퇴색되었지만, 미래에는 오히려 그 중요성이 강조될 것이다. 학교폭력, 범죄 기록, 과거의 발언 등 디지털 증거는 수십 년이 지나도 지워지지 않고, 잔인할 정도로 한 사람의 인생에 꼬리표가 되어 쫓아다닐 것이다. 어릴 때부터 '바른 생각', '성숙한 자세'를 습관으로 갖지 않으면 결국 도전과 성공의 목전에서 과오(過誤)가 발목을 잡는다.

미래에는 단기간에 만들어진 이미지를 통해서가 아니

라 장기간 쌓인 평판과 실제가 일치하여야 '브랜드화'할 수 있을 것이다. 그것이 대중의 평가를 통하여 물질적인 보상이 되는 시대가 올 것이다.

미래 아이들에게 다음 능력은 선택이 아닌 필수역량이다.

공공선(common good)

상호 소통 능력(communication skill)

창의력(creativity)

비판력(critical thinking)

공동 작업과 구성 능력(cooperation & composition)

헌신(commitment)

Chief Level 역량(Chief Level abilities)

물고기를 잡는 방법을 알려줄 수 없는 부모 세대는 아이들이 미래 사회 변화와 발전하는 기술에 적응할 수 있는 능력만이라도 키워주어야 한다. 그러기 위해서는 공교육도, 사교육도 한계가 있다. 지극히 사적인 공간에서부터 꾸준한 내적 동기부여와 연습이 필요하다.

예를 들면 요즘 유행인 MBTI의 내·외향적 성격으로 자신을 규정짓는 행위는 미래 AI와의 대화, 소통에는 전혀 허용되지 않는다. 오히려 더 인간적으로 편견 없이 누구와도 소통하고 어울릴 수 있는 포용성을 지니고, 범인류적인 사고로 상대방(인간 또는 AI)을 대해야 한다.

우리는 2026년 현재, 혐오의 시대에 있다. 헐뜯기, 편 가르기, 사다리 걷어차기 등으로 삶이 괴롭고, 살기가 힘들어 출생률 저하와 비혼 시대라는 사회 현상을 낳았다.

그럼에도 많은 사람들이 만나서 사랑하고 가정을 꾸려 무엇과도 바꿀 수 없는 아이를 낳는 용감한 선택을 계속한다.

이 책에서 다루는 것은 사랑과 인류애적 노력을 지속할 미래 아이(메타키즈)의 부모들을 위한 하나의 제안이다. 지금껏 인류의 역사상 경험해 보지 못한 세상을 경험할 아이를 위해 메타키즈에게 필요한 능력을 설명하고 부모로서 현실에서 실행 가능한 방법을 제시했다.

특히 우리나라의 특성을 고려했을 때 우리 아이들은 부모 세대와는 달리 밝게 생각하고 자기 생각을 자신 있게 말할 수 있는 능력이 필요하다.

스위스의 4대 국립대학 루체른대, 취리히대, 바젤대, 베른대, 세계 4위 취리히 공과대, 미국의 아이비리그 중 하나인 브라운대 학생들의 수업 참여 태도는 분명 달랐다. 세계적인 대학 학생들은 수업에 참여하기 전에 수업 내용을 공부하고 자기 생각을 정리하여 제한된 수업 시간이란 한계를 극복하려고 노력했다. 주어진 시간에 되도록이면 같은 수준의 지성들과 생각을 공유하고, 다른 의견을 듣기 위해 시간을 활용했다.

메타키즈(meta kids)는 학습 방법뿐만 아니라 세상을 마주하는 태도도 달라야 한다. 부모가 말하는 것처럼 이미 망해버린 세상, 그렇게 살면 안 된다고 생각하는 건 금물이다. 삶이 불행하다면 부모와는 다른 방식으로 세상을 살아야 한다. 만약 그럼에도 아이들에게 괴로움을 강요한다면 결국 우리는 우리가 겪은 고통을 그대로 전해주는 실수를 되풀이하는 것이다.

미래에 가능성 있는 STEM 교육도 발전하고 있다. 학습 컨텐츠 접근방식이 다양화되고 신기술을 적용하여 현실 세계의 문제를 해결하려는 응용 분야로도 발전하고 있다. 사회적 변화로 교과 과목에서도 융합 과목이 생겨난다.

융합 과목은 전공이 다른 학생들이 협업, 형평성, 적응능력을 기반으로 과제 수행에서 각자 역할을 담당하고 집중하는 능력이 강조된다. 따라서 우리 아이에게는 전체적인 그림을 보는 이해 능력이 필요하다. 융합되는 기술은 과학계, 인문계, 예술계 등의 범주에 한계를 두지 않는다. 디지털 아트, 디지털 악기 및 작곡 등 예술과 기술의 교차점 연구 분야, 지속 가능한 구조물 건축(태양열, 온실 정수 시스템) 친환경 모델, 다양한 대상과의 AI 대화 프로그램 개발, AI 윤리 및 관련 법규 연구 등 현재에도 많은 분야에서 기술 융합이 이루어지고 있다. 미래에는 거의 모든 부분이 융합되어 인간은 조화로운 최종 상태의 방향성과 구체적 청사진만을 제시하는 메타 휴먼으로 존재하게 될 것이다.

미래에 필요한 역량과 부모의 역할 정리

SKILL	WHY	HOW
공공선 (common god)	미래기술과 사회운영의 목표 미래 직업윤리의 기본정신	부모의 솔선수범, 지행합일 긍정적 사고, 불안감 없애기, 알고리즘으로부터 해방
상호 소통 능력 (communication skill)	목적/대상/방법이 다양한 소통 육하원칙의 변화	듣기, 참기, 화 다루기, 응원하고 칭찬하는 말, 그림일기
창의력 (creativity)	질문하는 능력 (인간, 기계)강조 Chat GPT에게 '좋은 질문'	질문 거절/듣기/대답, 질문의 질과 양 늘리기, 생각을 구현하기
비판력 (critical thinking)	알고리즘에서 해방 데이터 분석 능력	하브루타식 책 읽기 메타인지력 기르기
공동작업과 구성능력 (cooperation & composition)	기술의 융합과 통합 증가 다영역 산업환경 조성 다양성과 다채로움 강조	독서 역할극 S.M.A.R.T. 하게 부탁하기 박물관, 전시회 관람
헌신 (commitment)	자기발전을 위한 헌신 전문성에 대한 헌신 세계시민의식	자녀의 실패 인내하기 그림일기(PTSD 극복) 역사 공부
Chief Level 역량 (Chief Level abilities)	미래 인간의 역할은 결정과 책임 알고리즘의 권유와 선택의 혼돈	결정 사고체계 숙달 (의사결정체계 트리) 만다라트 작성

AI시대 철학자의 육아

초판 1쇄 발행 2026년 3월 16일

지은이 애셋요한
펴낸이 권경옥
펴낸곳 해피북미디어
등록 2009년 9월 25일 제2017-000001호
주소 부산광역시 동래구 우장춘로68번길 22
전화 051-555-9684 | 팩스 051-507-7543
전자우편 bookskko@gmail.com

ISBN 979-11-94977-14-8 03370

*책값은 뒤표지에 있습니다.
*파본은 구입하신 서점에서 바꾸어 드립니다.